AI,
빅테크,
저널리즘

기 술 이   바 꿀   뉴 미 디 어 의   미 래

AI,
빅테크,
저널리즘

이성규 지음

KNOWLEDGE

차례

AI,
Big Tech,
Journalism

뉴스의 오랜 역사에서 기술은 늘 숨겨져 있었다. 학문적으로도 마찬가지였다. 보즈코브스키와 앤더슨Boczkowski & Anderson. 2017이 언급한 바 있듯, 미디어 연구의 학문적 전경에서 배제된 것이 "사물 즉, 도구나 기계, 하드웨어나 소프트웨어 그리고 다양한 유형의 기술"이었다. 뉴스 생산, 유통의 핵심적인 인프라 혹은 물질적 토대로서 이러한 사물들은 저널리즘이라는 가치에 가려 논의에서 소외돼 온 역사를 우리는 잘 알고 있다. 이러한 기술 요소들이 '감춰짐' 상태에서 '드러남' 상태로 질적 전환을 이루게 된 계기는 강력한 빅테크 플랫폼들의 등장과 성장이었다. 정보와 지식 생산 그리고 유통의 독점적 위상을 지녀왔던 뉴스 미디어들이 이들 빅테크들의 다양한 플랫폼에 의해 대체되거나 위협을 받으면서 기술이 마침내 수면 위로 드러나게 된 것이다. 블로그, 트위터, 유튜브, 페이스북, 인스타그램, 스레드에 이르기까지 수많은 정보 매개 플랫폼이 흥망성쇠를 반복하는 사이, 정보 전달 체계로서 뉴스 미디어는 급격한 하락세를 경험했다. 이 과정에서 오로지 기술로 무장한 빅테크의 플랫폼들이 뉴스 미디어의 기능을 대신하면서 그리고 독자와의 관계를 재설정하거나 접면을 독점하게 되며 뉴스 생태계 안에 보이지 않게 스며들었던 기술과 대화의 역사가 비로소 손에 잡히게 된 것이다.

이 책에서 뉴스와 기술의 대화라는 표현을 자주 사용하게 될 것이다. 일상 속에서의 대화는 상대와 상호작용을 필요로 한다. 서로의 공감을 바탕으로 화두를 끄집어낸다. 때로 공통된 화제를 찾지 못하면 주제를 바꾸기도 한다. 그 속에서 서로의 생각을 읽어내고 서로를 이해하게 된다. 뉴스와 기술의 관계도 이와 다르지 않다. 역사가 증명하고 있듯 뉴스와 기술은 어느 한쪽이 일방으로 주도하지 않는다. 많은 언론들이 뉴스를 기술의 전적인 수용자, 의존자로 묘사하는 경우가 많지만, 이는 좁은 단위의 시간을 전제로 했을 경우에만 타당하다. 긴 호흡으로 두 행위자 간의 관계를 들여다보면, 서로의 이해를 충족하기 위한 긴 조율의 과정을 거치게 된다. 이해가 없는 대화로 뉴스에 수용된 기술은 어느 순간, 뉴스 산업 안에서 자취를 감추게 된다. 하지만 기술은 그다음 새로운 버전으로 무장해 다시 뉴스와의 대화를 시작한다.

VR 저널리즘은 이러한 대화의 과정을 가장 잘 보여주는 사례다. 2015년 11월 뉴욕 타임스는 '난민'The Displaced이라는 VR 다큐멘터리 영화를 제작해 NYT VR이라는 모바일앱과 함께 공개했다. 당시 뉴욕 타임스는 보도자료를 통해 "NVT VR 앱은 역대 가장 성공적인 NYT 앱 출시로 기록됐다"고 자찬했다. 저널리즘의 현장을 더욱 입체적으로 생생하게 전달하고 싶어했던 뉴스 생산자들의 열망이 마침내 증강현실이라는 기술과 만나 현실이 되는 것처럼 보였다. 영국의 가디언도 2016년 자체 VR팀을 신설했고, BBC는 비슷한 시기 '우리는 기다린다'We Wait VR 영상을 출시하기도 했다. 하지만 이 기술과 뉴스의 대화가 끊기는 데까지 그리 오랜 시간이 걸리지 않았다. 뉴욕 타임스는 2018년 이후 360/VR 콘텐츠를 더 이상 선보이지 않았다. NYT VR 모바일앱도 조용히 사라졌고, BBC가 VR 허브를 폐쇄한 것도 2019년이다. 불과 3~4년 만에 저널리즘의 미래를 책임질 것 같은 VR 저널리즘 열풍이 식어버린 것이다.

전신이 뉴스 산업에 틈입하는 과정도 상호작용적 대화 과정을 증명하는 사례다. 1837년 사무엘 모스가 전신기를 발명하고 1844년 최초의 상업 전신 서비스가 개시된 이후, 이 기술을 처음으로 활용한 뉴스 미디어는 지역 신문인 미국 볼티모어 패트리어트였다. 같은 해 5월 25일 워싱턴 D.C 미국 국회의 정치 관련 소식을 전달한 사례가 최초의 전신 기반 보도로 기록돼 있다. 이후 전신은 Associated Press1846년와 로이터1849년와 같은 전신 기술 기반의 새로운 뉴스 미디어의 탄생으로 이어졌다.

그러나 전신이 뉴스 산업을 혁명적으로 변화시키기까지는 대화의 우여곡절이 존재했다. 당시에도 기술 예찬론과 비판론은 비슷하게 전개됐다. 기술 진영에 서 있었던 뉴욕 헤럴드의 창업자 제임스 고든 베넷은 다음과 같은 말로 전신에 대한 찬사를 쏟아냈다.

"전신이 보편화되면 단순히 정보를 전달하는 신문은 자취를 감추게 될 것이며, 지적이고 철학적이고 독창적인 저널리스트들은 예전보다 더 관심이 많고 사고력이 있는 독자를 훨씬 빨리 확보하게 될 것이다. 정부가 성공적으로 활용한다면 사회, 정부, 상업 및 문명의 진보에 매우 놀라운 영향을 미칠 것이다."

반면 헨리 데이비드 소로는 자신의 저서 《월든》에서 이렇게 언급한 바 있다.

"인류의 발명품들은 대개 멋진 장난감과 같아서 진지함에 대한 우리의 관심을 빼앗아간다. 이들은 항상 되지 않는 목적에 사용되는 향상된 도구에 지나지 않는다."

베넷이 예언한 대로 전신이라는 새로운 기술은 지금의 인터넷이나 모바일, 인공지능처럼 정보의 전달체계에 상당한 변화를 초래했다. 하지만 뉴스의 본질을 혁신했느냐에 대해선 회의론이 많다. "지적이고 철학적이고 독창적인 저널리스트들은 예전보다 더 관심이 많고 사고력이 있는 독자를 훨씬 빨리 확보하게 될 것"이라는 그의 전망은 지금도 해결되지 않은 저널리즘의 과제로 남을 만큼 바뀐 것이 별로 없다. 이는 기술이 만들어낼 파장과 영향 혹은 자장이라는 게 초기의 예측과 늘 동일하지 않다는 교훈을 던져준다.

뉴스와 기술의 관계는 선형적이지 않다. 갈등하고, 긴장하고, 이별하기도 한다. 재회한 사례도 있다. 인간의 대화 양식 그리고 이를 둘러싼 전경과 그리 다르지 않다. 상황에 따라서 더 많은 이해당사자들과 대화의 폭을 넓히며 숙고의 시간을 갖기도 한다. 이것이 역사가 증명하고 있는 뉴스와 기술의 관계다.

대화의 시작은 늘 기술의 과대포장으로 시작된다. 기술 예찬론을 설파하며 그것의 영향을 과장한다. 뉴스와 관련한 모든 산업을 일거에 뒤바꿀 수 있을 것처럼 예언한다. 신기술의 등장은 늘 이러한 과장과 함께 해왔다. 하지만 초기 예찬론자들의 예측이 들어맞는 경우는 그리 많지 않았다. 그 기술이 당대의 지배적 기술로 우뚝 섰을 때에도 마찬가지였다. 전신의 도입으로, 단순 정보를 전달하는 신문들이 사라지지 않았다. 오히려 단순 정보를 전달하는 AP, 로이터와 같은 새로운 언론 행위자가 등장해 속보의 역사를 새로이 썼다. VR 저널리즘을 시도하지 않은 언론사들이 시장에서 퇴출되지도 않았다. 오히려 많은 비용을 투자했던 뉴스 기관들이 조직을 폐쇄하는 결과를 낳았다. 이렇듯 뉴스와 기술의 대화는 초기에 기대했던 방식으로 전개되지 않는 속성을 지닌다. 우연이 더 자주 개입되는 대화 양식일지도 모른다.

생성 AI로 새로운 시대가 도래했다. 뉴스는 일찌감치 생성 AI와의 대화를 시작했다. 늘 그랬던 것처럼 생성 AI가 변화시켜 놓을 뉴스 생태계에 대한 다양한 견해들이 곳곳에서 터져나오고 있다. 그 중에선 과찬과 예찬론이 주류를 이룬다. 기자를 대체할 것이란 섣부른 예단도 끊이지 않는다. 당장에라도 도입하지 않으면 뒤처질 것 같은 분위기도 연출된다. 역사적으로 낯설지 않은 풍경이다.

이러한 초기 상황이 불러일으키는 불안감은 기억상실에서부터 온다. 뉴스와 기술의 대화에 대한 역사적 기억상실증. 신기술이 등장할 때마다 기술의 계보를 망각하고, 대화의 속성을 잊어버리면서 이 감정은 증폭된다. 기술에 대한 무지에서 비롯되는 경우도 있겠지만 대부분은 반복되는 망각에서 기인한다. 이 책은 뉴스와 기술에 대한 우리의 기억상실증에서 다소 벗어나 보자는 시도다. 많은 사례들이 어쩌면 대화의 작은 소재들에 불과할지도 모른다. 하지만 그 사례들의 이후를 추적해 보면, 우리의 불안감이 얼마나 실체가 없는가를 다시 확인하게 될 것이다. 뿐만 아니라 뉴스와 기술의 대화가 뉴스의 본질을 변화시킨 경우가 몇이나 되는가에 대한 냉정한 자성과 평가를 할 수 있게 될 것이다. 내가 사례를 모아둔 이유이기도 하다.

전신이 상업화되고 약 12년이 흐른 1858년. 마침내 북미와 유럽을 잇는 대서양 전신 라인이 개통했을 때였다. 뉴욕 타임스는 '전신으로 최신 소식을 전합니다'LATEST BY TELEGRAPH라는 제목 아래 다음과 같은 내용을 게재했다.

"피상적이고, 갑작스럽고, 선별되지 않고, 진실에 비해 너무 빠른 것은 모두 전신 정보임에 틀림없다. 그것은 대중의 마음을 진실에 비해 너무 빠르게 만들어놓지 않은가? 열흘이면 유럽에서 우편물이 도착한다. 10분 만에 받아보는 뉴스 스크랩이 무슨 필요가 있을까? 전신 칼럼이란 얼마나 사소하고 하찮은 것입니까?"

도달 범위, 속도, 신뢰를 위해 기술을 도입해왔지만 진실을 보도하는 뉴스의 본질은 바뀌지 않았고 또 쉽게 바뀌지 않는다. 이 또한 뉴스와 기술이 오랜 대화를 통해 풀어야 할 숙제일지도 모른다.

1장

저널리즘과
기술 혁신

AI,
Big Tech,
Journalism

새로운
뉴스 플랫폼
시대의 서막

언론사가 뉴스 유통의 제어권을 거머쥔 적은 역사적으로 길지 않았다. 1800년대 초중반 철도부터 그랬다. 만약 철길의 확장이 없었다면 신문에 담긴 뉴스가 전국으로 유통되기는 어려웠을 것이다. 신문 열차Newspaper Train라는 단어가 등장할 정도로 뉴스 유통 플랫폼으로서 철도의 영향력은 막강했다. 1861년 뉴욕 타임스는 8월 1일자 기사를 통해 **"일요일 아침 이른 시간에 뉴헤이븐으로 향하는 특별 신문 열차가 모든 역에 정차합니다. 전쟁 현장의 최신 정보가 담긴 더 타임스를 뉴스 에이전트로부터 구할 수 있습니다"**라고 홍보할 정도였다.

철도는 단순히 뉴스 유통 플랫폼의 의존성만을 상징하지

는 않았다. 신문 산업의 성장을 견인한 핵심 요인이기도 했다. 신문의 영향력을 확장하는 데 도움을 줬을 뿐 아니라, 광고 중심 비즈니스를 수익모델의 반열 위에 올려놓는 데에도 기여했다. 신문재벌이 탄생한 것도 따지고 보면 철도의 영향이었다.

철도와 비슷한 시기에 발명된 전신도 언론사가 제어권을 전적으로 행사한 뉴스 유통 플랫폼은 아니었다. 특히 미국의 경우, 웨스턴 유니온이 전신 독점권을 행사하며 자신들에게 정치적으로 유리한 보도를 이끌어낸 역사도 있다. 그런 가운데에서도 AP, 즉 미국연합통신은 플랫폼에 올라타 뉴스 통신사의 부흥을 이끌었다. 역피라미드 스타일 뉴스 작성법도 이러한 기술과의 관계 위에서 탄생했다. 남북전쟁 당시, 전신으로 전황을 신속하게 보도하기 위해서 가장 핵심적이고 중요한 내용부터 먼저 언급하는 방식을 고안해냈던 것이다. 그렇다고 AP가 뉴스 유통 플랫폼을 전적으로 거머쥐고 있었다고 보기는 어렵다. 결국 플랫폼의 주도권은 웨스턴 유니온이 가지고 있었기 때문이다.

인터넷 시대가 도래하며 언론사들은 그들만의 뉴스 유통 제어권을 장악할 수 있는 기회를 맞이했다. 특히 일부 언론사는 어떤 산업 주체들보다도 빠르게 웹사이트를 개설하고, 더 많은 사용자를 확보하기 위한 투자도 아끼지 않았다. 키스 루퍼트 머독이 지난 2005년 페이스북의 경쟁사라 할 수 있는 '마이스페이스MySpace'를 5억 달러 넘게 지불하며 인수한 것이 대표적인 예이다. 빠르게 변화하는 디지털 환경에서 뉴스를 유통할 수 있는 새로운 경로를 찾기 위한 미래지향적 결정이었다. 이는 물론 광고 수익이 옮겨갈 방향을 내다보며 내린 의사결정이기도 했고 말이다. 하지만 채 6년도 지나지 않아 머독의 도전은 실패로 돌아갔다. 뉴스 산업 특유의 경직적인 문화가 발목을 잡았다. 결국 이때의 실패로 머독의 뉴스 코퍼레이션News Corporation은 구글과 페이스북, 유튜브와 같은 외부 빅테크 플랫폼에 의존할 수밖에 없는 처지로 다시 내몰리고 말았다. 반대로 소셜 미디어 플랫폼에 올라탄 버즈피드BuzzFeed는 IPO까지 성사시키는 기염을 토해내기도 했다.

이처럼 언론사들이 자체 유통 플랫폼에 대한 강력한 제어권을 행사한 시간은 그리 길지는 않았다. 늘 외부 유통 플랫폼에 의존하며 스스로의 역량과 영향력, 그리고 수익을 키워왔다. 특히 신문의 경우 기술의 발전에 따라 그 존재가 사라질지도 모른다는 우려를 이겨내고, 이를 오히려 전화위복의 기회로 삼은 전례도 있다. 비록 검색 플랫폼의 시대로 진입하며 수익성이 악화된 측면도 있지만, 새로운 비즈니스 모델로 제2의 부흥을 꿈꾸는 소수의 신문사들이 탄생하고 있는 것 또한 사실이다. 어쩌면 플랫폼 의존성보다 우리가 더욱 주목해야 할 문제는 **플랫폼과의 '적절한 거리두기', 그리고 '관계 관리'일지도 모른다.**

더불어 해외와 비교하면 국내 언론사의 플랫폼 환경에 약간의 특이성이 존재한다는 사실을 확인할 수 있다. 언론의 탄생 직후부터 오늘날까지 대부분의 시기를 정부나 공적 영역의 플랫폼에 기대어 성장해 온 측면이 있기 때문이다. 뉴스의 지역 발송은 우체국과 신문유통원에, 가판을 통한 뉴스 유통은 철도공사에 오랜 기간 의존했다. 이로 인해 국내 뉴스 유통은 규제와 제도의 영향에서 자유로울 수 없었다. 심지어 그 하위 체계에 존재했던 복잡한 총판, 중판의 복잡한 구조로 인해 언론사가 실질적으로 뉴스 플랫폼을 통제하지 못한 세월도 길었다.

포털 사이트는 국내 언론사들 처음으로 상대한 대형 민간 뉴스 플랫폼이라고도 할 수 있다. 공공 플랫폼과 달리 언론사의 입김은 이들에게 제한적으로만 영향을 미쳤다. 경쟁은 더욱 치열했고, 기술 수준은 훨씬 우월했다. 공공 플랫폼과 애초부터 통제권 전개의 특성이 달랐기에 적응에도 애를 먹어야 했다. 때문에 시간이 지날수록 플랫폼 의존도는 더 높아졌고, 포획의 정도는 나날이 심화되었으며, 통제권의 상실 정도는 더 깊어지기만 했다. 이제 이 시기도 서서히 퇴조의 조짐을 보이고 있다.

다시금 언론사들이 실존의 위기 국면에 들어섰다. 지배적 기술의 변동 시기가 다가오고 있어서다. 이번에는 생성형 AIGenerative AI다. 신문, 방송, 잡지 등 저널리즘을 표방하는 모든 뉴스 조직뿐만 아니라, 심지어 소셜 미디어 플랫폼들까지도 이 어려움에 함께 봉착해 있다. 기존의 검색, 포털 플랫폼이 장악했던 뉴스 유통 질서마저 조금씩 흔들리고 있다. 오픈AI의 GPT스토어가 그 자리를 대신할 것이라는 섣부른 가설도 나온다. 아이폰을 넘어서는 새로운 디바이스가 출현할 수도 있다는 전망도 제기되고 있다. 둘러싼 시공간이 너무나 빠르게 변화하고 있기에 누구도 1, 2년 뒤를 예측하기 어렵다.

분명 생성형 AI는 뉴스 산업에 지각변동을 일으키게 될 것으로 보인다. 생산부터 소비까지 전 과정에 영향을 미치며 그 방식을 바꾸게 할지도 모른다. 또 다른 유통 플랫폼, 아니 질서가 등장해 뉴스 미디어 산업을 뼛속까지 뒤집어놓을 수도 있다. 알고리즘 유통 권력으로 수용자 도달 방향을 흔들어댔던 소셜 미디어보다 더 큰 범위의 변화를 초래할 수도 있다. 특히 '수용자 초맞춤화'로 무장하며 등장하고 있는 수많은 GPT의 아류 기술들은 공동체의 통합을 핵심으로 삼았던 저널리즘의 사명마저 해체할 것을 요구할 수도 있다. 또한 국내의 제약 또는 제도가 힘을 발휘할 수 없는 글로벌 플랫폼의 국내 지배력이 더욱 커질 수도 있다.

새로운 기술의 등장 초기엔 늘 기술 우위의 전망이 득세하기 마련이다. 낡은 미디어 산업은 역사의 뒤안길로 사라질 것이라는 예측도 힘을 얻는 시기다. 하지만 그런 전망들이 실제로 정확히 들어맞은 건 드물었다. 라디오 뉴스는 팟캐스트로 부활했고, 신문 뉴스는 디지털로 더 크게 도약했다. 방송 뉴스는 유튜브에서 전 세계 수용자들과 매일 만나고 있다. 플랫폼 의존성이라는 한계 안에서 뉴스 미디어는 스스로 성장하는 방법을 터득해 온 것이다.

생성형 AI는 뉴스 산업이 다시 플랫폼을 제어할 수 있는 짧은 기회의 시간을 제공할 것이다. 의존성을 강화하는 더 큰 압력도 동시에 가할 것이다. 이럴 때일수록 뉴스는 기술과의 긴 호흡을 통해 저널리즘이라는 핵심 가치에 집중하는 데 더 많은 에너지를 쏟는 것이 중요하다. 그리고 기술, 수용자와 긴밀하게 상호작용하며 자신에 몸에 맞게 기술을 비트는 창의적 변형 전략이 필요하다. 비록 플랫폼 통제권에서 자유롭지 못한 시점이 도래한다더라도 뉴스는 플랫폼이라는 무대에서 더 많은 수용자들과 저널리즘을 주제로 이야기를 나눌 때 새로운 번성의 시기를 만들어 낼 수 있다. 역사가 증명한 사실이다. 새로운 지배적 기술이 다가온다 해서 늘 비관할 필요는 없다.

정정보도의
딜레마와
디지털 해법

정정보도는 저널리즘의 오랜 고민거리다. 내용이나 형식도 그렇다. 디지털 시대로 넘어오면서 정정의 방식에 대한 사회적, 기술적 압박이 계속되고 있지만, 그 꼴의 진화는 좀체 이뤄지지 않고 있다. 국내 언론사는 유독 더하다.

저널리즘의 관점에서 정정보도의 역할은 두말할 나위 없이 중요하다. 시간, 그리고 비밀주의와 씨름해야 하는 모든 인간 기자는 오류를 범할 수밖에 없기에 정정은 저널리즘과 동행하는 존재다. 한편으로는 누군가가 요청하지 않는 이상 구석진 공간에 숨겨두고 싶은 치부이기도 하다. 그만큼 정정보도는 기자와 언론사 모두에게 '**필요하지만 덮고 가고 싶은**'

양면적 대상이다.

만약 정정보도 자체가 언론사의 신뢰를 낮춘다면 어떠할까? 요즘처럼 언론에 대한 신뢰도가 바닥 모를 질주를 이어가고 있는 상황이라면? 정정에 대한 투명한 절차가 저널리즘의 신뢰를 높인다는 데엔 이견이 없다. 비록 2018년이긴 하나, '미국 시민의 90%가 언론사에 대한 신뢰는 정확성에 대한 헌신과 정정보도에 대한 개방적인 태도에 달려있다'고 응답했음을 밝힌 나이트재단Knight Foundation의 보고서가 이를 뒷받침한다. 하지만 최근에는 정반대의 연구 결과도 발표됐다. 정정보도가 시민의 정확한 사실 이해에 긍정적으로 기여하지만, 개별 언론사의 신뢰에는 악영향을 미친다는 내용이다.

미국 다트머스 대학과 애리조나 대학이 공동으로 수행한 이 연구는 정정보도의 신뢰 제고 효과가 우리의 상식과는 다를 수 있음을 보여준다. 연구진은 2,862명을 대상으로 허위보도를 담은 트윗을 제시한 뒤, 정정한 경우와 아닌 경우 해당 보도의 신뢰에 미치는 영향을 측정했다. 결과는 의외였다. 정정 트윗 이후 응답자의 정확한 사실 이해도는 높아졌지만, 해당 보도에 대한 신뢰는 오히려 낮아진 것이다. 특히 허위 정보를 보도한 언론사가 직접 정정을 했을 경우에도 신뢰도 하락은 피할 수 없었다. 언론사 입장에선 정정보도를 머뭇거리게 하는 연구 결과인 셈이다.

딜레마는 바로 이 지점에서 비롯된다. 치부이기에 감추고 싶은 은밀한 욕망, 그럼에도 저널리즘의 윤리와 원칙은 지켜야 한다는 사명감. 교집합 없는 두 감정의 충돌에 신뢰 하락의 가능성마저 보태지면 정정보도는 뉴스룸에서 철저히 외면받는 처지로 내몰리고 말 것이다. 지금도 적지 않은 국내 언론사들은 공개적 정정을 택하는 대신 '디지털 삭제'로 대응하고 있다. 삭제 사실을 아예 공표하지 않는 경우도 허다하다.

이들 연구진도 그러한 해석을 우려했다. 연구진은 이 논문에서 "신뢰에 대한 부정적 영향은 실질적으로나 표준화된 측면에서나 수용자에게 제공되는 정보적 혜택에 비해 작다"라고 강조했다. "오류를 공개적으로 인정하는 데 드는 비용을 최소화하는 방법을 모색해 언론사가 더 빈번하고 눈에 띄게 정정 기사를 게재할 유인을 높이고, 결과적으로 대중의 정보력 향상에 기여할 수 있는 방법을 탐색해야 한다"는 말도 보탰다. **섣부른 결론을 경계해야 한다는 메시지기도 했다.**

중요한 건 해법이다. 뉴스룸이 자사 보도의 신뢰 하락을 이유로 정정보도를 등한시하는 건 건강한 솔루션이 되긴 어렵다. 정확한 사실을 더 많은 시민들에게 전달하는 것이 저널리즘의 본질이기 때문이다. 더불어 위 논문에서도 확인됐듯, 언론사가 직접 정정보도를 했을 때 응답자들의 정확한 사실 인지 효과는 훨씬 높아졌다. 보도 당사자의 노력이 후행되지 않으면, 다수의 시민들은 그릇된 정보를 신념처럼 믿게 된다는 것이다.

핵심은 수용자의 정확한 사실 이해와 보도의 신뢰도 제고 모두에 기여할 수 있도록 정정보도를 재설계하는 것이다. 두 가지 디지털 사례에서 힌트를 찾을 수 있다. 첫 번째 사례는 오보의 정정 과정에 수용자를 참여시키는 방식이다. 정정의 프로세스를 혁신함으로써 신뢰 제고를 동시에 모색하는 접근법이다. 미디어 스타트업 베트뉴스VettNews는 Cx라는 툴을 개발해 모든 디지털 기사에 수용자들이 직접 오보를 신고할 수 있도록 돕고 있다. 또한 이 처리 과정을 투명하게 전달함으로써 기자와 수용자 사이의 간극을 좁히고 있다. 이미 25개 이상의 영미권 언론사들이 이 툴을 통해 오보와 정정을 관리하고 있다.

두 번째 사례는 애리조나주립대 크롱카이트스쿨 팀이 개발한 '코렉스Correx'라는 디지털 도구다. 주로 소셜 미디어에서 오보를 공유한 사용자를 추적해 정정보도 내역을 한꺼번에 전달하도록 도와준다. 뉴스룸이 오보 내용을 적시에 전달해 정정보도의 효과를 극대화 해주는 기술적 장치라고 할 수 있다. 아울러 이는 방대하면서도 적극적인 정정 태도를 수용자들에게 드러냄으로써 신뢰를 회복할 수 있는 단초를 마련했다는 평가도 얻고 있다. 이 툴을 처음 활용한 미국의 신문사 캔자스시티 스타는 "독자들은 이 툴을 통한 커뮤니케이션에 매우 만족해하고 있으며, 정보 업데이트와 우리의 노력에 대해 감사 인사를 전하기도 했다"고 전했다.

정확한 사실 이해와 신뢰 제고라는 두 마리 토끼를 동시에 잡는 건 결코 쉬운 과제는 아니다. 그렇다고 둘 중 어느 하나도 포기해선 안 된다는 것이 저널리즘의 언명이다. 익히 알려져 있다시피, 정정보도의 디지털 전환은 무척이나 더뎠다. 신문과 방송의 시대를 건너 디지털 공간에서 발생한 오보를 어떻게 정정할 것인가에 대한 고민이 소홀했던 탓이다. 전통 미디어에 비해 확산 속도가 수배, 아니 그 이상으로 빠름에도 질적 개선의 노력은 드물었던 것 또한 사실이다.

여전히 기사 본문과 분리된 채 정정보도가 디지털로 발행되는 경우도 빈번하다. 포털 사이트에 역할을 내맡기는 경우도 흔하다. 신뢰도의 추락은 어쩌면 저널리즘 행위자들의 게으름에서 시작된 것일 수도 있다.

Cx와 코렉스는 정정보도의 디지털 진화를 꾀하려는 초기 모델이다. 수용자를 참여시키는 동시에 소통을 강화하고 디지털 공간에서 오보 확산의 속도를 완화하려는 실험적 시도다. 현재 시점에서 이들 서비스가 완벽한 해법으로 작동하고 있다고 말하기는 어렵다. 다만, 수용자 신뢰와 사실 인지라는 두렵고 무거운 과제 앞에 직면한 언론사들이 '정정 회피'라는 결론으로 내닫지 않도록 보정해주는 기여는 톡톡히 해내고 있는 것이 사실이다.

노벨란티와
버즈피드의
크리에이터+AI 프로젝트

1500년 중반 이탈리아 베네치아는 '노벨란티'Novellanti의 전성시대였다. 메난티Memanti 혹은 가제티에리gazzettieri라고도 불린 이들 집단은 국내외의 정치, 외교, 군사, 비즈니스 정보를 B2B 형태로 생산해 판매하던 정보생산자들이었다. 이들은 직접 쓴 필사본 '아비시Avvisi'에 그들이 듣고 경험한 소식을 기록해 구독료 등을 받고 당대 공무원, 상인들에게 배포했다. 그래서 저널리스트의 기원을 노벨란티에서 찾는 연구도 적잖다.

노벨란티는 구텐베르크의 인쇄기가 발명된 뒤 신문과 저널리즘이 하나의 제도로서 안착되기까지 정보생산과 유통의 과도기를 점유했던 16세기 버전의 '크리에이터'이자 기자였다. 다수가 정보 입수에 유리한 평범한 이탈리아 상인들이었지만 국왕을 독자로 둔 전문 작가로 성장하는 경우도 간혹 있었다. 때론 민감한 정보를 다루었던 탓에 로마 교황청의 감시와 탄압을 받기도 했다. 1572년에는 한 노벨란티가 아비시를 통해 교회를 비판했다는 이유로 처형당한 사건이 그 예이다.

1700년대까지 흐릿하게 이어지던 노벨란티의 활약상은 이후 저널리스트라는 특성화한 직군이 탄생하면서 서서히 잊혀져갔다. 노벨란티의 시대는 필사본 작성이라는 낮은 진입장벽, 카페나 서점 등에서 얻은 정보를 요약하는 간편한 기록 방식, 검열 우회의 용이성 등을 바탕으로 한동안 활성화되었지만, 이후 인쇄기의 보편화와 우편제도의 결합을 통해 한층 더 세련되어진 신문 시스템으로 대체되었다.

노벨란티 시대의 부활을 알린 것은 블로그의 출현이었다. 정보 생산과 유통의 진입장벽이 인터넷으로 다시 낮아지면서 시민의 참여가 가능해졌다. 그리고 지난 20~30년 동안 노벨란티의 전통은 블로거, 시민 기자, 인플루언서, 유튜버라는 이름으로 겉옷을 바꿔가며 되살아나고 있다. 과거와 달리 저널리스트로 포괄되지 않으며, 이들과 비등한 위상의 정보 생산 주체로 평가받고 있다는 점도 주목할 만하다.

디지털 노벨란티, 지금의 표현으로 변칭하면 크리에이터는 생성형 AI의 힘으로 새로운 전기를 맞이하고 있다. 생성형 AI라는 증강의 기술을 등에 입고 저널리스트들과 본격적으로 경쟁할 수 있는 인프라를 갖추게 된 것이다. 버즈피드가 크리에이터와 AI의 통합을 선언하며 이들에게 힘을 싣는 이유도 여기에 있다. 버즈피드의 창업자이자 최고경영자 조나 페레티는 향후 15년을 주도할 미래의 미디어를 이렇게 정의했다.

"인터넷의 지난 15년이 콘텐츠를 큐레이팅하고 추천하는 알고리즘 피드로 정의되었다면, 향후 15년은 콘텐츠 자체를 생성, 개인화, 애니메이션화하는 데 도움이 되는 AI 및 데이터로 정의될 것입니다. 우리 산업은 AI 기반 큐레이션을 넘어 AI 기반 생성으로 확장될 것입니다."

이 같은 형태의 디지털 미디어에서 크리에이터는 AI의 도움을 받아 창의성을 극대화하고, 더 많은 이들에게 도달하게 되고, 더 많은 즐거움을 주게 될 것이라고도 했다. 크리에이터들이 생성형 AI를 활용해 새로운 영감을 얻고 콘텐츠 생산에 쉽게 활용할 수 있도록 돕는 것. 그것이 새로운 디지털 미디어의 혁신적인 모습이라는 것이다.

버즈피드는 다양한 실행 프로그램의 개발도 약속했다. 오픈AI의 챗GPT 등을 응용해 크리에이터들이 콘텐츠 아이디어를 얻는 AI 도구를 개발할 것이고, 수용자의 특성에 따라 이를 맞춤형으로 배포할 수 있는 알고리즘도 설계할 것이라고 했다. 그 첫 번째로 맞춤형 퀴즈 콘텐츠 생산에 접목이 될 것이라고도 했다. 이 구상이 현실화한다면 크리에이터들의 콘텐츠는 생성형 AI에 의해 창의성이 높아지고, 더 많이 생산되며, 더 멀리 확산되는 결과를 만들어 낼 수 있게 된다. 페레티의 표현을 빌리자면 '증강된 크리에이터의 창의성 시대'가 열리게 되는 것이다.

다만 버즈피드 뉴스에는 생성형 AI의 도입을 검토하지는 않을 것이라고 했다. 그것이 가져올 법률적 위험성, 특히 사실 보도의 원칙 훼손을 염려해서다. 익히 알려진 사실이지만, 미국의 테크미디어 씨넷CNET은 최근까지 70여 건의 기사를 AI를 이용해 생산하다 팩트의 부정확성으로 모두 삭제한 바 있다. 씨넷은 자사 사이트에 올린 해명글에서 "AI는 인간과 마찬가지로 실수를 한다"면서 "우리는 기술적 도구와 편집 프로세스가 사람에 의한 오류와 AI 오류를 모두 방지할 것이라고 확신할 때까지 AI 사용을 중지했다가 다시 시작할 것"이라고 했다. 비록 챗GPT와 같은 고도화한 AI를 활용하진 않았지만, 기술에 내재한 오류의 가능성에 의해 발목이 잡힌 상태다. 정확성과 신뢰가 우선인 기존 저널리즘에는 인간의 역할을 더 강조하면서, 창의성에 방점이 찍힌 크리에이터들에겐 AI의 결합을 확장하는 것이 현재 나타나는 일반 흐름이라고 요약할 수 있을 것이다.

버즈피드의 이러한 실험적인 행보는 인터넷을 포괄하는 전통 미디어와 디지털 아비시로 상징되는 새로운 미디어의 결합 모델이 하나의 언론사 안에서 시너지를 낼 수 있는가의 관점에서 이목이 집중되고 있다. 역사적으로 이들 두 집단은 대체 혹은 대립 관계였다. 생성형 AI의 적용 여부를 두고도 서로 다른 태도와 효과를 나타내고 있다. 뿌리는 같지만 목적과 윤리 기준이 상이한 두 생산 주체가 갈등 없이 공존할 수 있을 것이란 확신은 쉽게 들지 않는다. 서서히 스며들기에도 의식의 괴리와 간극은 깊고도 멀다. 뉴욕 타임스와 서브스택Substack이 결합한 새로운 미디어의 출현은 듣기만 해도 가슴 떨리는 그림이겠지만, 그것이 성공 모델로 귀결될 것이라고는 누구도 장담하지 못한다.

생성형 AI라는 '창의성의 갑옷'을 입고 부활한 디지털 노벨란티크리에이터와 강화된 전문성과 윤리로 무장한 전통 저널리스트 간의 공존. 어쩌면 이들의 관계 맺기와 역할 분담에 의해 미디어가 재정의 될 수도 있을 것이다. 호칭의 변화는 그 역동성을 상징할지도 모를 일이다. 늘 그렇듯 역사는 이렇게 돌고 돌면서 뒤엉키는 법이다.

멀어지는
언론사의
소프트웨어 기업 꿈

언론사의 실리콘밸리화, 그것은 손에 잡힐 것 같은 꿈이었다. 플랫폼Platform과 퍼블리셔Publisher를 결합해 만든 플래티셔Platfisher라는 단어는 그 꿈이 투영된 용어였다. 10여 년 전에는 '언론사는 기술 플랫폼이 돼야 한다'는 슬로건이 산업 전체를 휘감기도 했었다. 곧 현실이 될 것만도 같았다.

플래티셔는 플랫폼 기업과의 관계 변화를 상징하는 개념이기도 했지만, 언론사의 수익모델 패러다임 전환을 뜻하는 도전적인 비전이기도 했다. 언제까지 광고와 구독에만 의존할 것인가에 대한 성찰에서 비롯된 새로운 방향이었다. 실리콘밸리의 신생 스타트업들이 100여년 전통의 신문사들이 얻는 수익을 훌쩍 뛰어넘는 규모로 성장하는 걸 지켜봤기에 그 도전은 자연스러울 수밖에 없었다.

허핑턴포스트, 버즈피드, 복스 미디어 등은 실리콘밸리화한 디지털 언론사의 1세대 모델이었다. 그들은 우수한 기술 인재를 채용하고, 콘텐츠 발행과 관련한 대부분의 소프트웨어를 직접 개발했다. 뉴스룸 인력만큼 기술 인재를 대규모로 유지했고, 이를 통해 디지털 분야의 새로운 수익모델도 개척해 나갔다. 그리고 소프트웨어 판매라는 언론 역사에 존재하지 않던 새 수익원을 발굴해냈다.

발군은 복스 미디어였다. 이들이 개발한 코러스Chorus라는 퍼블리싱 플랫폼은 전 세계 언론사들이 탐을 낼 정도였다. '마법의 시스템'이라는 별칭을 얻을 정도였다. 기사 작성, 독자 모니터링, 소셜 미디어 배포 등을 손쉽게 제어할 수 있었고, 편의성도 탁월하다는 평을 받았다. 2017년부터 시동을 걸더니 2018년 7월, 본격적으로 외부 언론사들에게 이 기술을 판매하기 시작했다. SaaSSoftware as a Service라 불리는 소프트웨어 라이선스 모델이다. 시카고 선 타임스와 같은 굵직한 지역 언론사들이 고객으로 합류했다.

수익 목표도 야심찼다. 월 수십만 달러의 수수료를 부과해

연간 1,000억 원 이상을 소프트웨어 라이선스로 벌어들이겠다고 호언 할 정도였다. 이미 수십 곳의 언론사들이 줄을 서서 기다린다는 소문도 있었다. 뉴스 미디어 기업이 본업과는 다소 거리가 있는 소프트웨어 산업에 진출한다는 건 누가 봐도 놀랄 만한 소식이었다.

이 당시 소프트웨어 라이선스로 전 세계를 휘젓던 전통 신문사가 있었다. 아마존의 창업자 제프 베이조스가 인수했던 워싱턴포스트다. 워싱턴포스트는 인수 이전부터 개발한 자체 CMS를 2017년부터 알음알음 외부 언론사에 판매하기 시작했다. 2018년, 아크Arc라는 이름을 붙여 판매한 이 서비스는 고객 언론사가 전 세계 30곳을 넘어섰다. AWS와 결합된 형태로 제공되는 아크는 퍼블리싱, 디지털 광고, 디지털 구독의 3개 기술 영역을 연결하고 통합했다는 장점을 갖고 있었다. 당시 발행인 프레드 라이언은 "우리는 아크를 실행 가능한 사업으로 봐왔지만, 지금은 번창하는 사업이라고 말할 수 있는 단계에 와 있다"라며 자신감을 내보이기도 했다.

실리콘밸리의 젊은 기업들이 주도하던 소프트웨어 판매 산업에 언론사들이 뛰어들어 성과를 내기 시작하면서 뉴스 미디어는 더 이상 사양 산업이 아니라는 인식이 생겨나기 시작했다. 복스 미디어와 워싱턴 포스트 두 언론사가 직접 입증해 보이기까지 했다. 구글, 페이스북과 직접 경쟁에 나설 수 있을 것이라는 자신감과 희망을 품게도 했다.

하지만 본업이 달랐던 언론사들에게 소프트웨어 판매는 너무 버거운 과제였을까. 2022년 12월부터 암울한 기운이 감돌기 시작했다. 수년간 지속해 왔던 아크의 라이선스 판매 사업을 워싱턴 포스트가 분리 매각할 수도 있다는 뉴스가 갑작스레 터져 나왔다. 공교롭게도 비슷한 시기에 복스 미디어가 코러스 기술의 라이선스 판매를 중단한다는 보도도 등장했다. 수천억 원 대 수익을 가져다줄 것만 같았던 언론사들의 미래 비즈니스가 갑작스럽게 위기에 처한 것이다.

기본적으로 소프트웨어 라이선스 비즈니스는 기업을 대상으로 한다는 측면에서 뉴스 산업과는 질적으로 다르다. 판매와 관리 기간이 길어 단기 수익창출에 익숙한 언론사들에겐 낯선 사업일 수밖에 없다. 인력의 구성과 구조, 업무 문화도 뉴스룸과는 판이하다. 특히 CMS는 언론사들의 규모와 지역에 따라 요구사항과 맞춤화 요소가 과도할 정도로 천차만별이다. 따라서 소프트웨어 라이선스를 수익원으로 삼기위해서는 DNA가 전혀 다른 조직 설계와 리더십이 필수적으로 요구된다.

하지만 성공만 할 수 있다면, 안정적이고 큰 규모의 수익을 거둘 수 있다는 장점이 있다. 무엇보다 빅테크가 장악하고 있는 광고 시장의 불안정성을 완화하는데 상당한 기여를 할 수 있다. 구독과 광고, 기타 이벤트 수익으로 좁혀진 언론사들의 비즈니스 모델이 확장 가능하다는 걸 입증하는 효과도 있다. 그래서 전 세계 언론사 리더들이 이들 두 언론사의 성공을 음으로 양으로 염원했던 적이 있었다.

워싱턴 포스트와 복스 미디어의 소프트웨어 수익 사업의 부침과 포기는 디지털 시대, 언론사가 **소프트웨어 기업으로 나아갈 수 있는가**를 가늠하는 데 중요한 분기점이 될 것으로 보인다. 아직 악시오스Axios의 '악시오스 HQAxios HQ', 미닛 미디어Minute Media의 '볼텍스 비디오Voltax Video' 등은 도드라지진 않아도 성장세를 이어가는 중이다. 낙담할 단계는 아닌 셈이다.

패스트 컴퍼니Fast Company가 "이제 워싱턴포스트는 소프트웨어 회사다"라고 상찬을 한 지 약 5년이 지났다. 소프트웨어 회사로 넘어가기 위한 징검다리에서 중심을 못 잡고 흔들리고 있다. 든든한 동반자가 되어주었던 제프 베이조스는 전통 미디어에 관심을 잃어가고 있다. 이 수익원의 산파 역할을 했던 CIO는 지난해 회사를 떠났다. 실리콘밸리의 피를 이식해 소프트웨어 회사로 진화하려 했던 언론사들의 꿈이 이대로 끝나게 될지, 아니면 새로운 도약의 발판을 만나게 될지 지켜볼 필요가 있다.

합성 미디어의
부상과
미디어 3.0

미국의 경제전문 뉴스 미디어 블룸버그는 지난 11월, 스페인어 전용 유튜브 채널 강화를 위해 AI를 도입했다. 늘어나는 스페인어권 시청자를 확보하기 위한 전략적 행보였다. 사실 새로운 언어권을 겨냥한 콘텐츠 생산 시도는 상당한 번역 비용을 수반하기 마련이다. 게다가 송출하는 모든 영상을 번역하기도 쉽지 않다. 모든 게 돈의 문제여서다.

블룸버그는 그래서 다른 경로를 택했다. 생성형 AI의 적극적 활용이다. 이를 위해 블룸버그는 페이퍼컵Papercup이라는 AI 더빙 스타트업과 손잡았다. 이 스타트업의 AI 도구에 영어로 녹화한 영상을 업로드하면, 현지 언어로 자동번역한 뒤

음성합성 기술로 더빙까지 해준다. 번역가의 힘을 빌리지 않고도 완성도 높은 스페인어 경제뉴스 영상물을 손쉽고 빠르게 제작할 수가 있다. 페이퍼컵은 이러한 생성 및 합성 AI 기술을 바탕으로 영어권 방송사들의 글로벌 전략을 적극 돕고 있다. BBC, 스카이 뉴스, 복스 등이 이곳과 협업하면서 비영어권 영상 뉴스물을 대량 생산하는 실험을 진행하고 있다.

뉴욕 타임스는 지난해 11월 29일 콘시스턴트Consistent라는 AI 질문 생성 시스템을 개발했다고 발표했다. 이미 논문으로도 공개된 바 있는 이 질문 생성 기술은 QA 포맷 기사를 생산하는데 적용될 예정이다. 예를 들어 코로나19 관련 기사가 작성되면, 이 기사 데이터를 바탕으로 독자들이 궁금해할 만한 질문을 자동으로 생성한다. AI가 제작한 질문에 담당 기자가 답변을 써 내려가면 하나의 QA 기사가 완성되는 구조다. 뉴욕 타임스는 이 기술을 이용해 독자들의 정보 니즈를 만족시키고, FAQ 기사를 빠르게 제작하는 생산 공정을 구축할 것이라고 했다.

생성형 AI 기술이 빠르게 뉴스룸 안으로 침투하고 있다. 특히 뉴스의 생산 과정에 생성형 AI의 활용 폭은 점차 넓어지는 중이다. 매년 그 사례가 훨씬 늘어날 전망이다. 분야도 텍스트 생성에만 그치지 않고 오디오, 비디오, 3D, 심지어 AR/VR로 확장되고 있다. '생성형 AI의 보편화'가 머지않았다 해도 과언은 아니다.

이러한 조류를 이해하고 분석하기 위해 등장한 용어가 있다. 바로 '합성 미디어Synthetic Media'라는 개념이다. 블룸버그나 뉴욕 타임스처럼, AI가 목소리나 텍스트의 형태로 생성 또는 합성한 뉴스 등을 지칭할 때 사용된다. 쉽게 말하면 AI가 생산에 개입한 콘텐츠이다. 아직은 생소하지만 저변을 넓히는 데까지 오랜 시간이 걸릴 것 같지는 않다.

어떤 이는 합성 미디어를 미디어 3.0이라 일컬으며 '미디어 혁명'이라고까지 평가한다. 통상 미디어 1.0이 소수의 전문 제작자들만 콘텐츠를 생산할 수 있는 시대였다면, 미디어 2.0은 블로그 등 콘텐츠 생산 도구의 개발로 누구나 작가 혹은 창작자의 기회를 얻는 미디어 시대를 가리켰다. **미디어 3.0은 생산 과정에 AI가 참여하면서 또 다른 제작의 시대가 열리는 것을 의미**한다. 1.0에서 3.0으로 나아갈수록 정보와 콘텐츠 생산량이 기하급수적으로 증가하는 경향은 뚜렷해진다.

합성 미디어의 급부상은 생성형 AI 기술의 안정화에 기인한다. 여전히 생성된 콘텐츠 결과물이 창의적 인간 수준을 넘어서지는 못하고 있지만, 당장의 쓸모를 입증하기에는 그리 부족함은 없어 보인다. 이미 콘텐츠 곳곳에 스며들어, 블로그 콘텐츠 제작이나 삽입 이미지, 일부 보도자료에 활용되고 있는 상황이다. 상업적 활용 가치도 서서히 입증되고 있다. 국내의 한 생성형 AI 스타트업은 SNS나 블로그 포스트, 이메일 본문 작성을 포함해 무려 40여 종의 용도를 제안하며 사용을 독려하고 있다. 서비스 오픈 3주 만에 가입자가 2만 명이 몰릴 정도로 인기도 높았다.

합성 미디어는 이처럼 저널리즘 분야에만 사용이 국한되는 것은 아니다. 뉴스와 정보를 생산하는 모든 주체들에게 영향을 미쳐 광범위한 변화를 이끌어 낼 가능성이 높다. 개인 창작자부터 광고 카피라이터, 기업 내 마케터에 이르기까지 곳곳이 영향권 안에 들 것으로 예상된다. 《딥페이크와 인포칼립스》를 쓴 니나 쉭은 향후 4년 안에 온라인 콘텐츠의 90%가 합성 미디어가 될 가능성이 크다고 내다봤다. 곧 합성 미디어 시대의 도래가 불가피하다는 메시지다.

합성 미디어가 인간 콘텐츠 생산 능력의 증강에 기여할지 반대로 조작에 기여할지 아직은 단정하기 어렵다. 딥페이크라는 어두운 이미지를 벗어내기 위해 조어된 측면도 있기에 마냥 긍정적으로 바라볼 수도 없다. 한 가지 분명한 사실은 콘텐츠 제작비용이 커질수록 합성 미디어가 더 빠른 속도로 미디어 산업에 안착할 가능성이 높다는 것이다.

얼마 전, 국내 지상파 방송국에 근무하는 한 지인이 이런 질문을 던진 적이 있다. "방송 작가의 몸값이 높아지면서 더 이상 고용할 수 없는 지경에 이르렀습니다. 생성형 AI로 작가의 역할을 대신할 수 있는 방법이 있을까요?" 미디어 현장은 이미 절박한 심경으로 생성형 AI의 상업적 활용을 기대하고 있다. 인간 능력의 증강 가능성과 제작비용의 절감에 주목하고 있어서다. 고비용의 스타 작가를 섭외하는 대신, 신인 작가들에게 생성형 AI의 활용을 지원함으로써 스타 작가 못지않은 작품의 탄생을 바라는 것이 현실이다.

미디어 산업 현장에서 필요는 차오르고 있다. 기술도 거의 완비돼 가는 중이다. 검증된 성과가 속속 소개되고 있다. 하지만 아직 그것이 미칠 파장에 대해선 여전히 연구와 공부가 부족한 편이다. 이제는 합성 미디어를 미디어 업계의 새로운 화두로 꺼내 올려야 하는 이유이다.

소규모 언론사와
이미지 생성 AI의
대중화

예상보다 빨리 현실이 됐다. 이미지 생성 AI가 쓰임새를 찾아가는 데 채 수개월도 걸리지 않을 거라고 누가 상상했을까. 텍스트 생성 AI와는 그 속도는 비교가 되지 않을 정도다. 일러스트의 대안으로 주목받게 될 것이라는 건 누구나 예측했던 바다. 하지만 지금은 예술가들이 각지각색의 용도를 상상하며 활용의 범위를 넓혀가는 중이다. 마치 모두가 기다렸다는 듯이.

혁신적인 AI 모델로 손꼽혔던 달리 2DALL-E2가 발표된 건 2023년 4월이었다. 달리 2를 만든 오픈AI는 우주인이 달에서 말을 타는 샘플 이미지를 소개하며 AI의 잠재력과 상상력을 동시에 과시했다. 이때만 하더라도 '이런 것도 가능하구나' 상상을 자극하는 수준이었다. 인류의 찬사를 얻기 위해 의도적으로 공개된 기술처럼 보이기까지 했다. DALL-E2 코드에 대한 접근은 제한적이었고, 기술적 가능성 또한 설계자만 이해할 수 있었기에 더욱 그랬다.

대중화의 문을 열어젖힌 건 크레용Craiyon이었다. 당초 달리 미니DALL-E mini라는 이름으로 출발했지만 달리 모델을 개발한 오픈AI의 항의를 받고 곧 타이틀을 교체했다. 우스꽝스럽고 유쾌한 실사 합성 이미지를 생성하는데 훌륭한 결과를 보여준 크레용은 공개 직후 밈을 타며 전 세계로 퍼져나갔다. 이미지의 디테일이 떨어진다는 혹평도 있었지만 장난감으로는 제격이었다. 마침내 상업적 활용 가치를 증명한 건 누가 뭐래도 미드저니MidJourney였다. 공개 버전이 발표된 직후부터 예술가들의 보조도구처럼 다뤄졌다. 베타 버전 단계에서 누구나 이용할 수 있도록 문을 열었고, 그 사이 이곳에서 생성된 이미지는 온 인터넷을 떠돌았다. 유료로 전환한 뒤에도 미드저니 커뮤니티는 문정성시를 이뤘고, 지금도 많은 예술가들은 이 모델을 돈 주고 사용하고 있다.

스테이블 디퓨전Stable Diffusion은 그 가운데 백미라 할 만하다. 영국의 스타트업 스태빌리티 AI가 개발한 스테이블 디퓨전은 앞선 모든 AI 모델을 뛰어넘을 만큼 강력한 확산세를 기록했다. 가격과 코드의 진입장벽을 완전히 걷어낸 덕이다. 이미 수십 개의 애플리케이션이 만들어졌고, 다양한 플러그인이 개발돼 이미지 소프트웨어에 부착되었다. 마음만 먹으면 노트북에 다운받아서 자유롭게 이미지를 만들어낼 수도 있다. 더 이상의 기술 장벽이 존재하지 않는 국면으로 진입하게 된 것이다.

다음 단계는 텍스트 투 비디오Text To Video, 즉 영상 생성 AI 이다. 런웨이라는 기업은 2022년 9월 9일 AI가 생성한 티저 영상을 공개했다. '도시의 도로를 임포트 해봐'라는 명령어를 쳤더니 세상 어디에 존재하는지 모를 어떤 낯선 도시의 길거리를 영상으로 보여줬다. 여전히 기술 난이도가 높은 영역으로 평가받고 있지만 머지않은 시간 안에 이미지 생성 AI 만큼의 새로운 용도를 발견하게 될 것으로 보인다.

우리가 주목해야 하는 건 기술 그 자체가 아니다. 그것을 활용하는 주체와 용도다. AI 모델이 인간의 노동을 대체한다는 거대담론과는 대조적으로 예술가들은 이 기술을 적극적으로 수용하고 있다. 아니 주도하고 있다. 미드저니와 스테이블 디퓨전을 이용해 삽화를 제작하고, 포스터를 디자인하며, 새로운 예술적 상상력의 영감을 얻고 있다. AI의 보조로 창작한 예술품을 SNS에 공개하고, 서로 품평을 주고받는다. '노동 대체론'의 1차 타깃이 될 것 같았던 당사자들이 오히려 적극적으로 AI를 이용하고 그 쓸모를 입증하고 있다.

그 이면에는 예술가들의 열악한 삶이 존재한다. 외주를 받아 일러스트, 로고, 캐릭터 이미지를 납품해 온 예술가들은 그들 작품에 대한 값싼 대가를 메우기 위해 AI를 이용했다. 시간을 줄여주고 비용을 절약할 수 있어서. 제대로 보상받지 못하는 상업 예술 작품을 판매하는 프리랜서 아티스트들에게 AI는 이제 필수품이 되어가고 있다.

높은 인건비를 감당하지 못해 광고 콘텐츠를 제작하지 못하던 일부 소규모 에이전시들도 이미지 생성형 AI를 적극적으로 도입하고 있다. 월 10달러 정도면 만족스러운 광고 콘텐츠를 수십 초 안에 뽑아낼 수 있기에 망설일 이유도 없다. 이렇듯, AI는 의외의 주체들에 의해 다소 예견하지 못했던 방식으로 그 쓰임새가 널리 확산하는 중이다.

오히려 타격은 거대 기업을 향한다. 높은 저작권료를 바탕으로 잡지, 신문, 방송용 이미지를 판매해 왔던 게티이미지나 셔터스톡 같은 이미지 뱅크 기업들은 존재의 위협을 느껴야 할 처지다. 이를 감지한 듯, 게티이미지는 자사 이미지 뱅크에 AI 도구로 제작된 모든 콘텐츠의 업로드와 판매를 금지했다. 한발 더 나아가 이들 이미지의 법적 문제를 거론하며 'AI 생성 콘텐츠의 합법성에 대한 우려가 있다'는 입장을 꺼내놓기까지 했다.

이처럼 기술은 당대 사회의 여러 문제들과 결합하며 수용의 흐름을 만들어간다. 틀에 박힌 담론의 빈틈을 타고 흐르기도 한다. 상대적 약자에게 막대한 타격을 줄 것만 같았던 AI는 오히려 그들에게 권능을 부여하고, 열악한 삶을 개선하는 희망의 도구로 채택되고 있다. 언론 산업도 예외는 아닐 것이다. 높은 비용의 장벽으로 언감생심 세련된 표지 이미지와 삽화, 디지털 영상을 구매조차 못했던 소규모 언론사들에게 이미지 생성 AI 모델은 더 혁신적인 도전을 시도할 수 있는 가성비 높은 자양분이 될 수도 있을 것이다. 그것의 오남용에 대한 윤리만 준수할 수 있다면 말이다.

기사 이어 삽화까지 뻗친
AI의 창의성,
그러나

파격일까 혁신일까. '그렇게 될 것'이라 짐작만 해왔던 일이 실제로 벌어졌다. 2022년 6월, 미국 허스트의 대표적인 패션 잡지 코스모폴리탄이 AI가 제작한 이미지로 표지 전체를 덮은 것이다. 이는 그보다 며칠 전 경제잡지 이코노미스트가 실험적으로 시도했던 사례를 한 단계 더 확장한 것이었다. 표지의 일부만 장식했던 이코노미스트와 달리, 코스모폴리탄은 아예 커버 전체를 AI 제작 이미지로 삽입하고 인쇄까지 했다. 그래서 더 큰 파격이라 할 만했다.

표지 이미지를 디자인하는 데 걸린 시간은 고작 20초에 불과했다. 이미지 생성 언어모델인 달리 2가 연산하는 데 소요

된 시간이다. 코스모폴리탄 에디터와 달리 2를 개발한 오픈 AI의 연구원, 디지털 아티스트 등 세 명이 협업했지만 이들의 제작 기여도는 거의 0에 가까웠다. 그저 여러 생성물들 중에 적합한 작품을 고르는 품평가의 몫만 했을 뿐이다. 이는 이코노미스트도 다르지 않았다. 미드저니 봇이라 불리는 AI 모델을 활용했다는 차이만 있을 뿐, 사람의 관여도는 코스모폴리탄과 비슷했다.

이미지를 자동 생성하는 언어모델은 기본적으로 프롬프트라 불리는 '주문 문구'로부터 시작된다. 예를 들어 코스모폴리탄의 커버 이미지를 제작하기 위해 에디터 등이 던진 주문 문구는 '다른 우주의 관문으로 통하는 귀걸이를 한 여성A woman wearing an earring that's a portal to another universe'이었다. 웬만한 삽화 작가도 등단이 어렵다는 코스모폴리탄의 커버 이미지를 AI는 십여 단어에 불과한 프롬프트로 20초 만에 '창조'한 것이다.

달리 2의 새로운 기능도 힘을 보냈다. 아웃페인팅outpainting이라 불리는 기술이다. 이 기술은 첫 번째 주문 문구로 생성된 이미지에서 채워지지 않은 영역을 추가로 제작해준다. 비어있는 배경, 작품의 상하단부를 이어주는 이미지 등을 만들 때 유용하다. 첫 생성된 작품의 부족분을 새로운 연산을 통해서 완결적으로 마감하는 특별한 기능인 셈이다. 이러한 측면에선 파격이자 혁신이라 할 만하다.

　이 과정을 직접 경험한 잡지의 에디터들은 '혁명'이라 추켜세웠다. 이코노미스트의 기자는 "드디어 우리가 컴퓨터의 창의성을 이용하기 시작했다"며 감탄문을 써내려갔다. 코스모폴리탄 기자도 "이 작품을 보라, 입이 떡 벌어질 것이다"고 했다. 인간의 찬탄을 불러낼 만큼 품질이나 창의성 측면에서 훌륭했다는 방증일 것이다. 오히려 '그래픽 디자이너를 대체할 것'이라며 호들갑 떠는 이들이 없다면 더 이상한 분위기랄까. 분명 몇몇 기술주의자들의 예측대로 삽화 디자이너에겐 중대한 위협이다. 잡지나 신문의 삽화 디자인을 담당해 온 그래픽 디자이너들은 불안감을 느낄 수밖에 없을 것이다. 더 창의적인 표지 디자인을 위해 마감 시간을 넘나들었던 그들에게, 달리 2 같은 인공지능 언어모델이 불편한 존재일 수밖에 없다. 기술의 향상 속도도 빠른데다, 마감의 디테일까지 관여하는 기능까지 추가되면서 강력한 경쟁자로 급부상하고 있기에 더욱 그렇다. 하지만 미래는 그렇게 선형적이고 단순하게 흘러가지는 않을 듯하다.

코스모폴리탄은 AI를 활용한 표지 디자인 과정에서 달리 2 모델의 몇 가지 한계를 함께 경험했다. 우선 아주 미세한 요소는 다소 흐릿하거나 추상적인 이미지로 대체해 버렸다. 인간의 표현을 빌리자면 장인 정신이 다소 부족해 보인다는 것이다. 이보다 더 큰 문제는 학습된 이미지가 주로 백인이어서, 사람이 중심에 선 이미지들은 대부분 백인으로만 그려졌다는 사실이다. 저널리즘에서 점차 강조되고 있는 포용성과 다양성 측면에서 치명적인 결점인 셈이다. 인간의 손가락 개수를 헷갈리는 건 그나마 다행이라고나 할까.

여성의 얼굴 이미지를 생성할 때도 몇 가지 결함을 노출했다. 포르노 이미지 생성을 의도적으로 피하다 보니 눈이나 입이 뒤틀리게 제작되는 경우가 허다했다. 그래서 코스모폴리탄도 표지 이미지는 여성의 얼굴을 드러내지 않고 우주 헬멧을 쓴 채로 표현하는 대안적 선택을 내릴 수밖에 없었다. 여성을 타깃으로 한 패션 잡지 입장에선 지속적 활용에 걸림돌이 되는 요소다. 물론 AI의 역량을 과소평가할 이유는 없다. 현재 수준만으로도 일부 아티스트의 역량은 뛰어넘었다고 볼 수 있다. 제작 시간은 훨씬 단축됐고, 번거로운 커뮤니케이션 비용도 들지 않는다. 기계가 제작했기에 저작권 분쟁으로부터도 당분간은 자유롭다. 워낙 많은 시안을 제시해주기에 선택지도 훨씬 넓은 편이다. 효율성이라는 관점에서만 보면, 비용을 절약하는 경로로써 유의미한 결과를 낼 것으로 예상되기도 한다. 삽화 활용도가 높은 잡지를 중심으로 이용의 빈도가 늘어날 것은 자명한 일이다.

그러나 로봇 저널리즘이 인간을 대체하지 않았듯, 이 기술 또한 그러한 방향으로 전개될 가능성이 높다. 오히려 인간-기계의 협업 일러스트레이션이라는 새로운 장르를 형성하면서 공존의 모델로 흘러가는 것이 합리적인 전망이라 할 것이다. 하나의 작품을 탄생하는데 들어가는 사소하거나 반복적이며 필수적인 요소를 AI가 20초 안에 대신해주면, 인간 비주얼 아티스트는 창의성을 더해 작품을 훨씬 빛나게 마무리하는 '컬래버레이션'이 주를 이루게 될 것이다. **잡지 표지 구석에 AI와 아티스트의 공동 바이라인이 찍히는 풍경이 더 이상 낯설지 않은 시대, 그것이 우리가 마주하게 될 현실적인 내일의 모습이다.** 인간이 AI의 도구가 되는 것이 아닌, AI가 인간의 도구가 될 것이라는 명제가 당분간은 유효할 것이다.

웹3의
평판 경제와
저널리즘의 미래

논란이 한창이다. 웹3가 2020년대를 지배하는 핵심 키워드로 부상할 것이라는 전망 속에 그것의 실체를 둘러싸고 거친 토론이 오간다. 웹을 창시했던 팀 버너스리부터 웹2.0을 정의한 팀 오라일리까지 논평과 해석을 거든다. 기대와 회의가 교차하는 지점에서 저널리즘 진영은 흐름을 관조하며 다음 스텝을 구상하기에 바쁘다.

웹3가 언급되기 시작한 건 대략 2019년의 일이다. 암호화폐 이더리움의 공동설립자인 개빈 우드가 '왜 우리는 웹3.0이 필요한가'를 설파하면서부터다. "오늘날의 인터넷은 파괴됐다"라며 강렬하게 문제를 제기했던 그의 목소리가 2021

년 들어 유난스럽게 진동이 커졌다. 마치 인터넷에 지진이라도 난 듯 온통 웹3를 떠들어대고 웹의 다음 세대라고 부르짖었다. 심지어 모르면 '뒤처진 혁신가'라고 손가락질 받을 분위기까지 형성됐다.

개빈 우드의 문제의식은 명확했다. 웹2.0이 성장시킨 빅테크를 지금의 모습으로 방치해선 안 된다는 거였다. 독점하고 감시하고, 지배하는 권력을 견제하지 않으면 모든 행위자들이 부패와 부정의 유혹에 빠질 수밖에 없다고 했다. 참여, 공유, 개방을 우선했던 웹2.0이었지만 결과적으로 페이스북과 구글 같은 중개 플랫폼들의 독점을 낳았다고 한탄했다. 웹2.0이라는 이름으로 중개 플랫폼이 지배적 위상을 차지하는 경제의 순환 고리를 끊어내야 한다는 것이 그가 웹3를 떠올린 배경이다.

상상할 수 있듯, 중개 플랫폼 없는 거래의 기반 기술은 블록체인이다. 그 안에 깃든 핵심 철학은 분산이다. 이름하여 DAO Decentralized Autonomous Organization, 분산적 자율 조직이다. 개인 간 거래와 교환에 신뢰를 보증할 수 있는 기술 체계를 삽입함으로써 중개 플랫폼들의 개입을 차단하는 접근법이다. 국가나 빅테크 플랫폼의 중개 없이도 개인 간의 거래와 교환에 신뢰값을 부여할 수 있다면 플랫폼 종속이라는 말도 더 이상 유효하지 않은 것이 된다.

'분산'은 저널리즘 생태계가 절박하게 필요로 하는 열쇳말이었다. 빅테크의 손아귀에서 벗어나기 위해 반드시 쟁취해야 할 원칙이기도 하다. 새로운 수익모델의 기초를 닦는데 기여할 수도 있다면 그야 말로 금상첨화다. 그렇지 않으면 굳이 적용하고 채택할 이유가 없기 때문이다. NFT[1]는 그 시발점이었다. 빅테크 플랫폼과의 기술 격차로 주력 수익모델이었던 광고를 빼앗긴 언론사들은 NFT를 통해 새로운 가능성을 엿보고 있다. 수십 년 전의 1면 기사를, 표지 기사를, 칼럼을 NFT로 판매함으로써 독자로부터 직접 자금을 조달하는 실험에 나서고 있다. 뉴욕 타임스의 칼럼니스트 케빈 루즈는 칼럼 한 건으로 무려 56만 달러를 벌어들여 기부하기까지 했다. 거대 기술기업의 광고나 구독 플랫폼에 의존하지 않고, 충성 독자들로부터 직접 자금을 조달할 수 있는 경로가 확인된 셈이다. 한동안 너도나도 NFT에 올라타 수익 창

---

1 대체 불가능 토큰Non-fungible token의 줄임말. 블록체인 기술을 이용해 디지털 자산의 소유주를 증명하는 가상의 토큰을 일컫는다.

출의 가능성을 타진한 것도 이러한 경향을 반영한다.

하지만 저널리즘이 놓치지 말아야 할 중요한 흐름은 따로 있다. 웹3가 가리키는 방향이다. 웹3가 마케팅용 유행어에 그친다 하더라도 그것이 밀치고 나아가고자 하는 거대한 조류를 관찰해야 한다. 바로 주목 경제[2]의 퇴각이다. 웹2.0은 주목 경제의 토대 위에서 건설되고 작동했다. 우리 모두가 콘텐츠 생산에 참여하고 유통할 수 있게 됨으로써 정보의 풍요 시대를 열었다. 정보의 풍요는 복제의 풍요였고, 다른 한 편으로는 관심의 희소화였다. 넘쳐나는 정보의 홍수 속에서 사용자들의 제한된 관심을 얻기 위해 과잉경쟁이 일상화했고, 이 과정에서 자극적인 정보 생산이 보편의 흐름으로 자리를 잡게 됐다. 이 빈틈을 비집고 허위조작정보도 난무했다. 웹2.0시대 성공한 플랫폼들은 한정되고 희소한 사용자들의 관심을 획득하기 위해 신뢰 자원을 일부 희생하기까지 했다. 유튜브가 허위조작정보의 근원으로 인식될 수밖에 없

---

2 어텐션 이코노미Attention Economy. 정보의 홍수 시대에 사람들의 주의를 끌어서 가치를 만드는 경제활동을 일컫는 개념이다. '어떤 정보가 생산되느냐'보다 '어떤 정보가 주목을 끄느냐'가 중요해진 시대상을 반영하는 말이기도 하다. 미국의 심리학자이자 경제학자인 허버트 사이먼이 처음으로 이론화했다.

는 이유도 여기에 있다. 획득한 관심의 양과 부의 볼륨이 교환되는 '주목 경제'의 패러다임 안에 존재하기에 여러 폐해에도 불구하고 쉽게 고쳐지지 않는 것이다.

웹3는 주목 경제와의 결별을 상징한다. 이를 '평판 경제'[3]로 대체하겠다는 시대정신과도 맞물려 있다. 어뷰징, 그럴싸한 베끼기, 자극적 스토리로는 평판 경제의 패러다임 안에서 지속가능성을 담보하기 어렵다. NFT를 통해 경매에 붙여졌던 저널리즘의 생산물들은 그 자체로 희소가치를 지니고 있었다. 원천성이 없는 스토리에 가상화폐 지갑을 열 개인은 거의 존재하지 않기 때문이다. 웹3 경제시스템에서 생산자의 명성과 평판은 그 어느 때보다 희소하게 간주된다. 평판과 명성의 희소화, 그것이 웹3의 근간인 것이다.

웹3는 일부 벤처캐피털리스트의 탐욕을 실현하기 위한 기득자본의 용어로 남겨질 수도 있다. 앤드리슨 호로위츠와 잭도시의 논쟁, 그리고 팀 오라일리의 논평은 여전히 웹3가 안정적인 기초를 만들어내지 못했다는 사실을 방증한다. 웹

---

3 개인 혹은 기업, 조직의 평판이 상호 간의 경제활동을 통제하거나 촉진하여 전체적으로 최종적인 부가가치를 결정하는 경제 구조.

2.0에 통합될 운명이라는 해석은 여전히 지배적이다. 충분히 귀에 담아야 할 목소리이자 사상들이다. 다시 말하지만 **중요한 건 물줄기가 흘러가는 방향**이다. 주목 경제와 그것의 경제적 교환법칙이 교정 불가능한 지점에 도달했다는 문제의식, 이것만큼은 놓쳐서는 안 된다. 저널리즘은 원천성과 신뢰의 가치로 백여 년을 버텨왔다. 참여, 공유, 개방이 이러한 저널리즘의 가치를 더 밀어 올릴 것으로 기대됐지만 20년 가까이 지난 지금, 그 결과는 정반대였다. 확증편향을 부추기는 정보가 사용자들의 주목을 게걸스럽게 흡입하며 생태계를 교란시켰다. 포털에서 더 많은 수익을 얻어내기 위해 저널리즘 윤리를 내팽개쳤다.

디지털 저널리즘에 희소성을 재부여하는 것이 바람직한가에 대한 질문은 잠시 미뤄놓자. 웹3는 저널리즘엔 희망이자 과제다. 저널리즘 본연의 목적을 지향할 때, 독자들과 진정성을 교환하며 대화할 때 비로소 지속가능해질 수 있다는 긍정의 메시지이기도 하다. 웹3가 실패한 프로젝트로 귀결된다고 하더라도 그 안에 배태된 시대정신만큼은 기억해 둘 가치가 있다.

뉴스레터발
다른 유형의
언론사가 오고 있다

지난 2021년 11월18일, 미국의 대표적인 뉴스레터 플랫폼인 서브스택은 창작자들에게 건강보험 혜택을 제공하겠다는 계획을 발표했다. 알음알음 진행해오던 프로그램을 모든 창작자를 대상으로 확대 적용한다는 내용이었다. 다시 한 번 강조하지만 이는 회사 직원도 아닌 플랫폼 이용 창작자들에게 제공되는 혜택이다.

맥락부터 살필 필요가 있다. 서브스택은 더 유능한 저널리스트들을 독립 창작자로 영입하기 위해 상당한 공을 들여왔다. 특히 독자 기반이 단단하고, 유료 구독 잠재력이 높은 기자들을 모시기 위해 공격적인 경쟁도 마다하지 않는다. 뉴욕 타임스가 인재 이탈의 위기감을 느끼며 자체 뉴스레터 플랫폼을 내놓기까지 할 정도다. 뉴욕 타임스는 찰리 와르젤 같은 쟁쟁한 오피니언 작가의 출혈을 이미 경험한 터다.

서브스택의 이러한 의료보험 관련 정책 발표는 기존 기자들이 독립 창작자로의 전환을 망설이게 하는 중요한 장벽 하나를 제거하겠다는 의도. 여기에 그치지 않고 대형 언론사 소속으로 누릴 수 있는 각종 편의들을 플랫폼을 통해 제공하겠다는 것이 서브스택의 구상이다. 명성과 평판을 보유한 기자들이 자유롭게 독립선언을 할 수 있도록 끊임없이 자극하겠다는 계획이기도 하다.

서브스택의 '공격성'은 지역 뉴스 펀드에서 보다 또렷하게 드러난다. 서브스택은 지난 2021년 4월 서브스택 로컬이라는 이름으로 100만 달러를 투자한다고 발표했다. 미국 내 지역 언론사의 폐간 등으로 일자리를 잃은 지역 기자를 다시 일으켜 세우겠다는 계획이었다. 이 프로그램에 선정된 지역 전문 기자 30명에게는 최대 연간 10만 달러, 우리 돈 약 1.3억 원이 지급됐다. 주어진 1년 동안 지역 저널리즘의 가치를 회복하고 새로운 지역 언론사를 만들어갈 수 있도록 돕기 위한 의도였다. 건강보험 지원뿐 아니라 신규 창업을 장려하기 위해 현금 대출 서비스까지 제공했다. 물론 서브스택이라는 플랫폼 위에서 유료 구독모델을 운영한다는 전제였다.

긴장감을 느낀 기성 언론사들의 움직임도 빨라졌다. 특히 디 애틀랜틱의 행보를 주목할 필요가 있다. 디 애틀랜틱은 기자들의 이탈을 방지하는 차원을 넘어 기자들의 독립성과 재정적 안정성을 동시에 보장하는 새로운 실험에 나섰다. 정규직과 계약직 사이의 오묘한 계약 형태를 제안하며 집 나간 작가들을 다시 끌어당긴 것이다. 명분은 디 애틀랜틱의 뉴스레터 구독자의 확대였다. 이를 위해 일종의 준독립형 작가 플랫폼을 출시하고 9명의 작가를 영입했다.

영입된 작가들은 편집국장의 감독을 일단은 받는다. 그러나 그 외의 모든 외부 저작 활동은 간섭받지 않는다. 작가 입장에선 일정 수준의 독립성을 보장받으면서 디 애틀랜틱이라는 브랜드를 활용할 수 있고 빼어난 편집진들의 도움도 얻을 수 있다. 구독자 목표치를 초과하면 추가 수당까지 지급받는다. 결별도 어렵지 않다. 약간의 위약금만 지불하면 된다. 정규직 기자는 아니지만, 그렇다고 온전한 프리랜서도 아니다. 서브스택의 빠른 성장이 만들어낸 풍경인 것이다.

워크위크Workweek라는 신생 미디어의 조직 구조는 더 흥미를 끈다. 이 미디어는 분산형 네트워크 미디어 조직에 가깝다. 개별 기자들의 독립성을 보장하고 높은 급여수준을 유지하면서도 무엇을 쓸 것인가에는 간섭하지 않는다. 초과 수익은 결합한 기자들이 내부 규칙에 따라 나눠 갖는다. 최고 경영진들에게 편중된 보상체계를 폐기함으로써 창작자들의 동기부여를 끌어올리겠다는 취지다. 공동창업자인 베커 셔먼은 이렇게 말한다.

"전통적 미디어 구조는 콘텐츠를 제작하는 창작자가 아니라 임직원과 영업 리더가 최고로 보상받도록 설계됐다. 미디어는 새로운 청사진이 필요하기 때문에 우리가 알고 있는 모든 것에 의문을 제기했고 새로운 것을 구축했다."

이 모든 흐름은 '뉴스레터'라는 이름의 재부상한 유통 채널로 귀결된다. 기자와 독자가 직접 연결되고 만날 수 있는 새로운 기술적 접점에서 파생된 현상이다. 소속이 어디든, 기자들은 독자 목록을 소유하며 이곳저곳을 유랑할 수 있게 됐다. 지속가능한 수익만 보장된다면 더 이상 대형 미디어 조직에 소속될 매력이 사라지는 것이다. 독자 목록을 더 많이 가진 기자들일수록 이탈하고자 하는 원심력은 더욱 커지기 마련이다. 독립을 선언하는 유명 기자들이 늘어나는 이유다. 덩달아 실력 있는 기자들의 몸값도 높아지는 중이다. 하지만 간과하지 않아야 할 대목이 있다. 기자들의 독립성 보장이다. 저널리즘의 가치를 지키며 평판을 키워온 저널리스트들에게, 기성 언론사는 충분한 보상과 안전한 고용, 자유로운 글쓰기를 허락하지 않아 왔다. 위계적인 의사결정 시스템과 불안한 노동 조건은 저널리스트로서의 자부심과 역량 발휘를 방해해 온 요소들이다.

얼마 전, 미디어 전문매체 포인터에는 '기자들이 언론사 정규직을 포기하고 프리랜서로 향하는 이유'라는 기고문이 게시된 적이 있다. 기고자는 일간 신문에서 5년을 근무한 전직 기자였다. 그는 이 글에서 '내가 원했던 것은 나에게 중요한 스토리를 피칭하고 실제로 그것을 작성하는 것이었습니다. 내가 원했던 것은 나를 위한 시간을 내어주는 에디터들과 함께 일하고, 스토리 아이디어를 논의하고 가능한 한 좋은 기사를 만들기 위해 내 작업물을 다듬고 싶었던 것입니다'라고 말했다. 기자로서 당연히 누리고 싶어 하는 동료들과의 협업과 토론, 독립적인 취재와 보도, 노동에 걸맞은 보상은 '기다려 달라'는 반복된 답변에 묵살당하고 만 것이다. 작금의 새로운 계약 유형과 언론사의 등장과 부상이 이러한 고민에 빠져있던 기자들에게 대안적 선택지로서 인식되는 것은 어쩌면 당연해 보인다.

국내에서도 기렉시트[4]라는 말이 떠돈다. 비아냥과 조롱이 뒤섞인 절망적 언론 내 현상을 설명하는 조어다. 다른 한편으로 보면, 저널리즘의 꿈을 펼치고자 하는 기자들에게 기성 언론사는 더 이상 안전한 공간이 아니라는 걸 상징하기도 한다. 미국처럼 대규모의 해고와 실직, 이탈이 국내 언론계에 표면화하지는 않았지만, 뉴스룸 밖으로 나가려는 기자들의 절박함은 점차 커져가는 형국이다. 이러한 새로운 유형의 계약 형태와 언론사 모델들이 국내에서도 등장한다면, 국내 언론 산업이 어떤 격랑에 휩싸이게 될지 가늠하기가 쉽지 않다. 어찌됐든 더 나은 저널리즘을 갈망하는 기자들에게 대안의 무대가 마련되고 펼쳐진다는 사실을 나쁘게만 볼 일은 아닐 것이다.

---

4 '기레기'와 '탈출'을 뜻하는 엑시트exit를 합친 말. 말 그대로 기자들이 언론계를 떠나는 현상을 뜻한다.

기후변화 미디어 그리스트와 저널리즘 혁신

그리스트Grist라는 기후변화 미디어는 우리에겐 낯선 이름이다. 온라인 뉴스레터로 창간한 지 20년이 훌쩍 지났음에도 그렇다. 국내 언론사가 간혹 인용할 때도 있지만 한두 번에 그친다. 기후변화에 대한 우리의 거리감만큼이나 그리스트에 대한 인지도도 낮은 셈이다.

지난 2021년 10월 15일에 발표된 '온라인저널리즘어워드 2021' 수상자 목록에 그리스트의 이름은 무려 네 번이나 언급됐다. 온라인 저널리즘 일반 우수상 소규모 언론사 본상, 기획 보도 소규모 언론사 결선, 플로리다대 탐사데이터보도 소·중규모 언론사 본상, 토픽 보도 기후변화 부문 본상. 12번 노출된 뉴욕 타임스에 비할 바는 아니지만, 규모가 50명 남짓이라면 얘기는 달라진다. 단일 분야를 파고드는 소규모 버티컬 미디어임에도 디지털 보도의 품질과 깊이에서만큼은 여느 대형 언론사와 비교해도 전혀 손색이 없다. '50명 내외 기자 규모로 이게 가능할까' 싶을 탐사 보도도 여럿 눈에 띌 정도다.

1999년 창간한 그리스트는 디지털 전환기 현대 저널리즘이 갖춰야 할 핵심 가치를 두루 보유하고 있다는 점에 주목할 필요가 있다. 지속가능한 '강소 언론사'가 어떻게 역사적으로 만들어지는지에 대한 교훈을 배울 수 있어서다.

그리스트로부터 배우는 첫 번째 교훈은 **'실감적 저널리즘과 스토리텔링 혁신'**이다. 그리스트에는 실감형 저널리즘 기사 유형이 많다. 인터랙티브 저널리즘이라 칭해지는 디지털 스토리 포맷이다. 그리스트는 영상과 비주얼 요소로 텍스트를 휘감고, 메시지를 강렬하게 드러내면서, 명징한 데이터를 꺼내들어 독자들을 매료시킨다. 평범한 기사는 톤 앤 매너의 변주를 통해서 매력을 발산한다. 이는 그리스트로선 불가피한 선택이었다. 기후변화에 대한 시민의 대화를 촉발시키기 위해서다. 기후변화의 중요성에 무관심한 이들을 데려오기 위해서다. 그리스트는 크게 세 가지 유형의 독자를 상정한다. 기후변화를 가장 중요한 이슈로 여기는 집단, 주목은 하고 있으나 핵심 관심사는 아닌 집단, 기후위기의 중요성을 전혀 모르는 집단이 그것이다. 특히 세 번째 집단을 충성 독자로 전환하기 위해 스토리텔링에 더 많은 투자를 하고 있다. 비주얼 에디터를 충원하고 디자인 파트너와 협업한다. 그 결과물들이 스토리텔링의 혁신으로 이어지게 된 것이다.

두 번째 교훈은 '**솔루션 저널리즘**'이다. 그리스트의 현재 슬로건은 '기후, 정의, 해결'이다. 기후위기에 대한 해결책의 제안은 그리스트의 숙명이다. 이를 위해 2019년 더 픽스The Fix 라는 버티컬 미디어를 추가로 띄웠다. 타이틀이 상징하듯 고치는 방법, 즉 기후위기 해결책만을 담고 있다. 그래서 카테고리가 특이하다. 고치는 자 발견하기, 2200년 상상하기, 그리스트 50 등 해법을 제안하고 실천하는 내용에 집중한다. 바로 솔루션 저널리즘이다. 문제 제기자에 그치지 않고, 해결자로서 저널리즘 역할을 재상정하는 모델이다. 그리스트는 기후위기를 해결하고 고치기 위해 애쓰는 사람들에 집중한다. 그리고 그들의 활동을 독려하고 그들에게서 해결 방안을 배우고 독자들과 공유한다. 현상, 위기, 문제 제기에만 그치는 국내 언론사의 전통적 저널리즘 인식과는 확연히 차별되는 지점이기도 하다.

세 번째 교훈은 '**데이터 저널리즘**'이다. 그리스트는 전체 직원이 고작 50명 남짓이지만 데이터 저널리즘에 대해서만큼은 진심이다. 최근에는 별도의 데이터 저널리즘 부서도 출범시켰다. 인상적인 건 자체 '데이터 분석 모델'을 개발해 기후위기의 심각성을 진단하거나 예측하고 있다는 사실이다. 예를 들어, '포기의 물결: 10억 달러를 능가하는 좀비 유정' 탐사보도를 위해 '내버려진 유정'의 증가 추이를 예측하는 통계 모델을 개발했다. 그리고 그 분석 방법과 코드를 깃허브 GitHub에 공개함으로써 실력도 과시했다. 기후변화 보도는 수많은 데이터와의 씨름이다. 미세한 기온, 수온의 변화 속에서 큰 위기의 흐름을 간파해내야 한다. 그리고 어떻게 세상이 달라지게 될지 예측해 낼 수 있어야 한다. 독자가 쉽게 이해할 수 있도록 데이터 시각화 작업에도 소홀해선 안 된다. 데이터 저널리즘이 일상화할 수밖에 없는 조건인 셈이다.

그리스트는 현대 혁신 저널리즘의 집적체다. 솔루션 저널리즘에 집중하면서 혁신적인 스토리텔링을 선보이고, 데이터 분석의 역량을 강화함으로써 정확성을 동시에 끌어올리는 작업은 여윳돈 넉넉한 글로벌 유력 언론이 아니면 달성하기 어려운 과제들이다. 전체 직원 50명 내외의 비영리 언론사가 세 마리 토끼를 동시에 잡았다는 건 누가 봐도 이례적이라 할 수 있다. 편집국 규모만 200명 넘는 국내 언론사들도 감히 엄두를 내지 못하는 묵은 숙제들이다. 이것이 온라인저널리즘어워드가 그리스트를 수상자 반열에 올려둔 이유일 것이다.

창업자인 칩 길러는 그리스트를 시작할 때 세 가지 원칙을 정했다고 한다. **오로지 온라인으로만 할 것, 불경스런 유머와 심각한 주제를 결합시킬 것, 비영리로 운영할 것** 등이다. 인터넷이 온전하지 않았던 1999년에 온라인을 중심에 두겠다는 포부도 그렇거니와 불경스런 유머를 스토리텔링의 기조로 잡았다는 것 또한 놀랍다. 기후변화라는 무거운 주제를 풀어내기 위해, 까다로운 독자들의 관심을 모으기 위해 유머를 변용하는 접근법을 취해온 그리스트의 전통은 현재의 디지털 스토리텔링 혁신에 중요한 자양분이 됐다고 볼 수 있다.

그리스트는 한 단계 더 높은 수준의 디지털 저널리즘이 돈의 문제가 아닌, '의지와 철학의 문제'임을 증명하고 있다.

2020년 회계 기준 연수익 77억 원 규모이지만 전 세계 어디에도 뒤지지 않는 탁월한 디지털 저널리즘 사례를 그리스트는 주기적으로 생산한다. 22년이라는 성상이 디지털 전환을 발목잡지 않는 자유로운 문화도 한몫했을 것이다. 변화무쌍한 독자들, 특히 기후위기를 자신의 문제로 받아들이려 하지 않는 독자들과 대화하고 그들을 설득하려는 의지가 충만했기에 가능했던 일이다. 데려오기 더 어려운 독자일수록 더 뛰어난 저널리즘으로 다가가야 한다는 저널리즘의 보편적 원칙을 그리스트는 22년 간 몸소 실천하고 있다.

기후위기를 전문적으로 다루는 미디어조차 찾기 어려운데다 디지털 저널리즘 혁신의 기운이 좀체 확산되지 않고 있는 오늘날, 그리스트가 한국 저널리즘 산업에 던지는 메시지는 또렷해 보인다. 독자들을 이야기에 몰입시키기 위해 디지털에 더 많은 투자를 감행하라는 것. 더불어 그건 돈의 문제가 아니라 의지의 문제라는 사실을 말이다.

정보원 다양성을 위한
저널리즘
테크놀로지

NPR National Public Radio이 DEX라는 정보원 다양성 추적 도구를 공개했을 때, 이를 가장 먼저 눈여겨 본 기관은 포인터였다. IFCN International Fact-Checking Network, 폴리티팩트 PolitiFact[5] 등 민주주의와 저널리즘 신뢰 회복 프로젝트를 주도하고 전파하는 글로벌 교육 연구기관이다. 다양성 Diversity, 공정성 Equity, 그리고 포용성 Inclusion을 뜻하는 DEI로 축약되는 다양

---

5 팩트체크 그루로 평가받는 빌 아데어 미국 듀크대 교수가 창립한 팩트체크 플랫폼. 2008년 미국 대선 기간 당시, 750가지가 넘는 정치적 주장을 검증해 '진실'과 '수사적 포장'을 분리시킴으로써 유권자들이 현명한 판단을 할 수 있도록 도운 공을 인정받아 퓰리처상을 수상하기도 했다.

성 이니셔티브를 저널리즘 생태계에 이식시키고 퍼뜨리는 데 꾸준한 관심을 가져오고 있다. 포인터는 이 추적 도구의 등장으로 '앞으로 기자들이 인터뷰 대상자를 선택하는데 주의를 기울이게 될 것'이라고 평가했다.

2021년 8월에 공개된 NPR의 정보원 다양성 추적 도구는 저널리즘이 민주주의에 기여하기 위한 서구 공영 언론의 일관된 노력을 상징한다. 뉴스 안에서조차 과소 대표되는 인종, 젠더 정체성, 민족, 연령 등을 어떻게 재현해 낼 것인가에 대한 고민의 심도도 보여준다. 간단한 기술적 도움을 얻어 기자들의 무의식적 정보원 선택 편향성에 경고를 보내고, 한 번 더 정보원 선택에 주의를 기울이도록 유도한다. 기사에 인용하는 모든 정보원들의 인종, 민족, 젠더 정체성, 연령 등을 입력해 온 뉴스룸 내부의 관행과 협력이 있었기에 이 기술이 빛을 볼 수가 있었다.

NPR은 DEX를 기자들에게 공개하기 전부터 정보원 다양성을 강화하기 위해 여러 시도들을 이어왔다. 2020년에는 최고다양성책임자를 임명하는가 하면, 정보원 데이터베이스를 구축해 모든 언론인들이 접속하고 이용할 수 있도록 공개했다. 시간이 생명인 기자들에게 정보원 다양성을 좇아야 할 윤리적 근거와 대안적 도구를 제공함으로써, 이를 실현하도록 유도했다. 여기에 DEX까지 더해 경각심을 키우는 중이다.

흥미롭게도 정보원 다양성을 강화하기 위한 글로벌 유력 언론이나 기관의 능동적 시도는 혁신적인 방식으로 꾸준히 전개되고 있다. 미국언론연구소API의 소스 매터스Source Matters 가 대표적인 사례다. 지난 2021년 6월에 소개된 소스 매터스는 자동화한 정보원 추출 도구이다. 기사 내에 인용된 모든 정보원을 자동 감지해 작성자들에게 제시한다. 이를 바탕으로 몇 가지 메타데이터를 추가 입력하게 되면, 해당 언론사의 특정 정보원 의존도를 파악할 수 있게 된다. 정보원 다양화의 기초 데이터를 확보할 수 있게 되는 것이다.

영국의 파이낸셜 타임스는 2018년 'She Said He Said'라는 봇을 개발해 정보원 다양성을 강화해오고 있다. 기사에 인용한 정보원의 이름과 대명사를 파악해, 해당 정보원이 남성인지 여성인지 구분해내는 접근법이다. 이를 통해 젠더 다양성 목표 수치를 달성했는지 여부를 담당 에디터들에게 알려준다. 실제 효과도 있어서, 이를 도입한 뒤 오피니언 필진의 여성 비중이 20%에서 30%로 증가하기도 했다.

정보원 다양성 또는 DEI는 국내 언론사엔 낯선 개념들이다. 다양성을 논하기엔 이르다는 지적도 있다. 기사에 인용되는 정보원의 수부터 늘려야 하는 시급한 과제조차 해결되지 않아서다. 하지만 요즘처럼 젠더 갈등이 첨예화하고, 소수자 배려가 필수적인 환경에서 더 이상 후순위로 미룰 수 없는 과제다. 약간의 기술적 도움을 외부 자금을 통해 유치하고, 이를 미국언론연구소처럼 공적 자원화한다면 정보원의 수와 질을 빠른 속도로 개선할 수 있는 계기를 만들어낼 수 있다.

더 이상 방법은 핑계가 될 순 없다. 의지가 중요할 뿐이다. 민주주의를 위한 저널리즘이라는 명분을 잃지 않기 위해서라도 결단은 이를수록 좋다.

허위조작정보 자동생산,
인간-기계
협업의 위협

허위조작정보, 소위 '가짜뉴스'의 생산은 그간 인간의 몫이었다. 진실과 거짓을 뒤섞어 발화하고, 선동하고, 퍼뜨리는 일련의 행위는 인간 집단의 의도된 목적에 따라 치밀하게 수행됐다. 그것이 루머나 소문이라는 이름을 하건, 가짜뉴스라는 명패를 달고 있건, 인간 외의 행위자가 이 프로세스에 개입된 적은 역사적으로 거의 찾아볼 수 없었다.

이미 예상했듯, 허위조작정보 생산에 새로운 주체가 등장하기 시작했다. 챗GPT와 같은 대형 언어모델Large Language Models, 즉 기계다. 속임의 기법은 인간의 수준을 넘어서는 것으로 점차 판명되고 있다. 단지 생산, 작성 수준에 그친다고 보면 오산이다. 인간의 생각을 바꾸는 단계로 나아갈 정도로 훨씬 더 정교해지고 있다.

빠르게 진화하고 있는 언어모델의 강점은 문장 생성 능력이다. 지난 2020년 GPT-3가 작성한 영국 더 가디언의 에세이Op-Ed 사례에서 보듯, 그 결과물을 인간이 분간하기란 더 이상 쉽지 않아졌다.[6] 적절하게 제시된 '제안문prompt'만 있다면, 충분히 놀라운 스토리를 만들어 낼 수 있게 됐다. 인간이 손수 작성한 적절한 제안문과 대량으로 학습된 인간의 지식 데이터가 있었기에 기계의 능력 향상이 가능해진 것이다.

미국 조지타운 대학교의 CSETCenter for Security and Emerging Technology, 보안 및 신흥 기술 센터가 지난 2021년에 펴낸 보고서를 보면, 역으로 기계가 생산한 허위조작정보가 얼마나 훌륭한가를 다시금 확인할 수 있게 된다. 그 능력의 범위도 훨씬 넓어지고 있음을 확인할 수 있다. 일례로, 수용자가 믿고 싶어하는 중간 정도 길이의 허위조작정보를 새로운 관점을 담아

---

6 GPT-3는 더 가디언에 '나는 인간을 파괴할 생각이 없다'는 내용의 기고문을 쓰며 주목받았다. 당시 더 가디언 편집국은 AI가 작성한 글을 편집하는 것이 칼럼니스트의 글을 수정하는 일과 크게 다르지 않았다고 밝히기도 했다.

인간의 개입 없이 만들어내는 것도 가능케 됐다. 기존에 존재하는 기사를 재작성해서 가짜뉴스로 둔갑시키는 것도 어렵지 않았다. 연구진이 모두 챗GPT를 활용해 실험한 사례들이다.

여기까지는 어떻게든 방어해 볼 수 있는 수준이다. 소위 스타일로메트리Stylometry[7] 기반의 분류기를 통해 허위조작정보의 공통적 문체, 출처 인용 패턴 구조를 인식함으로써 허위조작정보를 찾아낼 수 있다. 대체로 이러한 접근법은 인간이나 기계가 단독으로 작성한 허위조작정보를 발견하는데 꽤 괜찮은 성능을 발휘한다. 기계에 대한 기계적 대처방식으로 각광을 받는 이유다.

하지만 더 위협적인 허위조작정보의 생산 주체가 존재한다. 바로 인간-기계 협업 행위자다. 여태껏 우리가 간과해왔던 새로운 협업 주체의 탄생이 허위조작정보의 판별을 더욱 어렵게 만들 수 있다는 얘기다. 기계 단독, 인간 단독을 넘은 조작행위자로서 인간-기계 협업은 허위조작정보를 걸러내기 위한 모든 노력을 물거품으로 만들 만큼 위협적 존재로

---

[7] 텍스트를 분석하여 저자가 누구인지 추적하는 통계 기반의 접근법

우리 앞에 다가오고 있다.

CSET의 연구 결과가 이를 증명한다. 당시 연구자들은 언어모델에 이해가 깊은 인간과 GPT-3가 한 팀이 돼 미국의 아프가니스탄 철수와 중국 제재와 관련한 메시지를 생성해냈다. 수용자들의 확증편향을 활용하기 위해 그들의 이념에 최적화한 내용들로 채웠다. 그리고 설문조사를 통해 입장의 변화 여부를 측정했다. 그랬더니 인간-기계팀이 작성하고 선정한 메시지의 의도대로 설득당한 비율이 이전보다 두 배 이상 증가했다. 각각이 독립적인 방식으로 허위정보를 생산했던 때보다 인간과 기계가 협업했을 때의 위력이 훨씬 크다는 점을 확인할 수 있었던 셈이다. 문제는 인간과 기계가 여러 방식으로 협업해 생산하거나 선정한 결과를 걸러낼 방법이 현재로선 마땅치 않다는 것이다. 스타일로메트리라는 통계 기반의 기계적 접근법도 무력화된다.

초대규모 언어모델을 활용한 허위조작정보 생산이 당장 현실화 되지는 않을 것이다. 현재 대부분의 대형 언어모델이 사용처에 대한 검증을 비교적 정밀하게 거치고 있기 때문이다. 다만 인간-기계 협업모델의 위력이 알려진 이상, 위험을 대비하기 위한 다양한 접근법은 연구되고 검토될 필요가 있다. 허위정보를 퍼뜨리려는 인간의 욕망이 인류사에서 자취를 감췄던 적은 없지 않은가. 기계로 파생된 위협보다 두 주체의 악마적 조우가 만들어낼 공상과학 같은 위험이 현실이 되지 않길 바라는 건 진심 모두의 바람일 것이다.

클럽하우스와
팩트체킹

새로운 기술의 등장은 흥분을 먼저 불러 모은다. 찬사와 경탄을 연발하며 그것의 미래를 낙관한다. 모든 기술에 비관적, 비판적 전망을 제시할 이유는 없지만, 반사적 환호도 경계할 필요는 있다.

페이스북과 트위터가 그랬다. 2010년대 초반 페이스북과 트위터가 재스민 혁명과 이집트 혁명에 기여할 때만 해도 두 소셜 미디어에 대한 평가는 칭찬일색이었다. 세상을 바꾸는 무기라는 평가도 적잖았다. 하지만 그때의 기억은 오간 데 없고 독점, 장악과 같은 어두운 수식어들이 이들 미디어 주변을 감싸고 있다. 기술 혹은 플랫폼이란 모름지기 기대와 실망의 반복적 패러다임 안에서 공전하며 사용자의 욕망을 먹고 살며 명멸하는 도구일 뿐이다. 웹도 다르진 않다. 인류 모두에게 평등한 정보 접근의 세상이 펼쳐질 것으로 예상됐지만, 그것을 창시한 팀 버너스리조차 고장 난 웹을 다시 뜯어고치겠노라 인럽트Inrupt라는 스타트업을 시작할 정도이니, 말해 무엇하겠는가.

또다시 전 세계 사용자들을 흥분시키는 새로운 소셜 미디어 앱이 등장했다. 클럽하우스다. 전세계 모두가 들떴고, 열광했다. 실리콘밸리에서 가장 빠르게 성장하는, 그 속도가 너무 빨라 현기증이 날 정도로 인기를 얻었던 오디오 기반의 소셜네트워크 앱이다. 직원 10명 남짓에 불과한 이 스타트업은 1년 만에 유니콘에 등극하면서 과거의 모든 성장 기록을 갈아치웠다.

클럽하우스의 가장 큰 무기는 친근한 대화와 기록의 삭제다. 커피하우스에서 친구와 대화를 주고받듯, 가벼운 이야기를 이어가면서 처음 본 이들과 친목을 형성한다. 때론 전문성 있는 토론을 벌이며 가상의 콘퍼런스를 열기도 한다. 중재자가 여러 전문가를 초대해 깊은 담화를 나누기도 하고 청자에 발언권을 부여해 다양한 목소리를 끄집어내기도 한다. 공론장의 모범 모델이 된 커피하우스, 그 모습을 연상시킨다. 저널리즘의 부족분을 보완할 가공할 매체로 인식되는 배경이기도 하다.

클럽하우스는 조직과 개인, 집중과 분산의 팽팽한 긴장 관계에서 개인과 분산에 더욱 힘을 실어주는 플랫폼이다. 여느 소셜 미디어들처럼 유명 인사들과 엘리트들이 초기 문화를 선도하고 있긴 하지만, 대다수 채팅방의 주력은 이름 없는 개인들이다. 팟캐스트처럼 적잖은 장비를 마련해 무게를 잡을 필요도 없기에 진입장벽이 낮고 참여 범위도 넓다. 주제에 따라 수많은 청자들이 다른 업무를 보며 귀동냥하기도 편하다.

문제는 기록의 삭제다. 아주 특별한 경우가 아니라면 모든 대화는 채팅룸을 닫는 순간 종적을 감춘다. 유튜브와 달리 흔적을 남기지 않는다. 공유를 통한 확산의 여지가 줄어들기에 보안의 강점이 커지고 위험의 크기도 반비례할 것으로 예측한다. 하지만 여기에 빈틈이 존재한다. 저널리즘 측면에서 팩트체킹의 가능성이 원천적으로 차단된다는 점이다.

이미 한 팩트체커가 경고음을 먼저 울렸다. 그는 클럽하우스에서 백신과 도널드 트럼프를 검색해 관련 대화방을 엿들었다. 다행스럽게도 우려할 만한 대화가 오가진 않았다. 그러나 이 경험 속에서 두려움을 발견했다고 했다. '기록의 삭제'가 가져올 팩트체킹 저널리즘의 불능성이 그것이다. 클럽하우스 대화방에서 허위정보가 오갔다는 사실을 확인하려면 기록이 남아야 한다. 하지만 대화가 끝나는 순간 삭제되기에 이 자체가 불가능하다. 그렇다고 모든 팩트체커들이 대화방의 처음과 끝을 같이 할 수가 없다. 팩트체킹을 시도할 즈음, 허위정보에 한껏 노출된 클럽하우스 사용자들은 그럴듯한 논리에 자신들의 인지 공간을 허락하며 편견을 강화했을 가능성이 농후하다. 클럽하우스의 인기는 그래서 팩트체커들에겐 거대한 도전이다. 그들의 역할을 허락하지 않는다. 그릇된 정보가 귀를 타고 강력하게 인지될 가능성을 차단할 수도, 그렇다고 되돌릴 수도 없는 환경을 만든다.

지난 2020년 허위정보 관련 연구자인 니나 얀코비치는 '페이스북 그룹'을 허위선동 정보 확산의 위험의 진원지로 지목하며 "미국을 파괴한다"라고까지 경고했다. 일정 규모 이상의 비공개 그룹은 공개로 전환하는 등의 대안을 페이스북이 마련해야 한다고 주장했다. 클럽하우스는 모더레이터 중심의 관리체계라는 페이스북 그룹의 장단점을 모두 안고 있으면서도 '기록의 삭제'라는 더 위험한 기능을 제공한다.

물론 클럽하우스는 허위정보 문제를 해결하기 위해 설계된 미디어가 아니다. 음성 기반으로 대화를 촉진하고 관계를 확장하는데 특화된 소셜 미디어다. 클럽하우스 창업자는 증오 표현과 관련한 엄격한 지침을 갖고 있고, 신고 기능도 두고 있다고 말한다. 하지만 고속 성장 단계에서 이를 제어하기란 쉽지 않을 것이다. 이미 반유대주의 발언을 퍼뜨린 채팅룸으로 홍역을 앓은 적도 있다.

지금 저널리즘은 더 '큰놈'과의 대결을 앞두고 있다. 은밀한 확산을 꿈꾸며 부나방처럼 옮겨 다니는 허위정보 생산 집단과 이들의 정보를 차단하기 위해 부단히 애쓰고 있는 팩트체커들의 싸움은 보다 치열하게 전개될 가능성이 커졌다. 저널리스트들만의 노력으로는 해결하기 어렵다는 점이 명확해진 만큼 시민과의 협업을 어떻게 재설계 할지 진지하게 토론해야 할 시점에 와있다.

이루다가
저널리즘에 남긴
숙제

수많은 논란 끝에 결국 폐기됐다. 하나의 기술적 객체를 만들어내는 데까지 오랜 시간과 공력이 투입됐지만, 존재가 사라지는 데까지 걸린 시간은 무척이나 짧았다. 젠더 편향, 인종 편향, 혐오적 발언 등 온갖 차별적 언어들을 구사하며 세상을 떠들썩하게 했던 '이루다'의 운명은 그렇게 일찍 끝을 맺었다.[8]

---

8 2020년 12월, 스캐터랩이 출시한 여대생 콘셉트의 챗봇. 2020년 6월부터 베타 서비스를 시작해 약 6개월 만에 정식 출시되었으나, 혐오 표현과 개인 정보 유출 등의 논란으로 20여일 만에 서비스를 종료했다. 이후 이러한 문제점을 개선한 이루다 2.0을 2022년 5월 출시했고, AI 메신저 플랫폼 너티를 개발해 통합했다.

이루다는 인공지능 도입에 우호적인 저널리즘이 꼭 염두에 둬야 할 숙제들을 여럿 남기고 떠났다. 그저 인공지능 스타트업의 문제로만 치부하고 분노를 폭발시키는 보도에만 열중할 수 없는 이유다. 저널리즘 그 자신이 또 다른 이루다의 얼굴로 뉴스를, 그리고 새로운 정보를 생산하고 유통할수도 있어서다. 지금이야 멀찌감치 한 발 떨어져 그들을 비판할 수는 있겠으나 다가올 내일엔 이루다 제작사인 스캐터랩이 언론사가 될 수도 있다.

살펴보자. 언어 의존적 AI는 방대한 언어 데이터를 학습하며 역량을 키워간다. 그 언어는 대부분 인간이 작성하고 인간이 써내려간 텍스트들이다. 상상할 수 없을 정도로 많은 양의 언어 데이터를 수집하려면 이 세상 모든 인간 군상의 정제되지 않은 말, 글까지 모아야 할 수밖에 없다. 위키피디아나 고품질 기사만으로는 부족하다. 그 안에 편견이, 혐오가, 악의가 묻어있음은 당연하다. 모든 인간이 품격 있고 품위 있는 언어를 구사하는 군자나 성직자일리도 없고, 일 수도 없다.

저널리즘은 이렇게 구성된 언어 AI, 즉 언어모델을 대부분 API라는 이름으로 외부에서 빌려 쓴다. 용도에 맞게 개량

Fine Tuning하긴 하지만, 기술적 모태는 외부 기술세력이 인간의 편견까지 학습한 그 모델일 가능성이 높다. 자체 언어모델을 개발하는 일부 언론사가 존재할 수는 있겠으나, 그 비용은 일개 편집국이 감당할 수 있는 수준을 대부분 넘어선다. 워낙 기술 및 자본집약적 프로젝트이기에 엄두를 내기도 쉽지 않다. 때문에 편향의 위험은 저널리즘이 도입한 대부분의 AI 기술에 도사리고 있다 해도 무방하다. 이를 걸러내지 않는 한 저널리즘 발 '이루다'의 등장은 불가피하다.

언어 AI를 직접 개발한다고 해도 문제는 해결되지 않는다. 언론사 스스로 개발한 언어모델이 자사 기사만으로 학습했다 하더라도 과거 기사에 포함돼 있는 여러 편견들과 차별적 언어들을 완벽하게 걸러내기란 쉽지 않다. 특히 한국처럼 가부장적 언어들이 보편적 표현으로 이식되어 있던 과거의 기사들을 학습 재료로 활용했다면 우려는 더욱 커진다. 트래픽을 모으기 위해 작성된 여성비하적 온라인 기사들이 학습 데이터로 쓰인다면 그것이 만들어낼 결과물은 또 어떨까? 그 결과는 모두가 짐작하고도 남을 것이다.

지난 2020년 뉴욕 타임스는 구글 직소가 개발한 댓글 필터링 AI '퍼스펙티브'에 인종적 편견이 녹아있음을 확인한 바 있다. 퍼스펙티브는 언론사들의 댓글을 건강한 공론장으로 운영할 수 있도록 개발된 언어 기반 AI 기술이다. 한때 일부 기사에만 열려있었던 댓글을, 지금은 대부분의 뉴욕 타임스 디지털 기사에서 찾아볼 수 있게 된 것도 퍼스펙티브의 공로다.

뉴욕 타임스는 차별 가득한 언어로 작성된 댓글을 퍼스펙티브에 임의로 통과시켜, 거름 능력을 테스트했다. 댓글의 길이가 길어질수록 퍼스펙티브는 인종차별적 댓글을 '위험하지 않음'으로 판단했다. 퍼스펙티브에 내재된 편향이 댓글의 길이가 길어지면서 또렷해진 것이다. 트위터를 중심으로 학습 데이터를 모아왔던 퍼스펙티브가 트위터 사용자들의 편견까지 학습하며 충분히 정제해내지 못한 결과다. 그래서인지 뉴욕 타임스는 '머신러닝 시스템이 중립적이고 객관적이며 정확할 것이라고 가정하지 말아야 한다'라고 조언했다.

뉴욕 타임스의 해법은 완벽하지 않은 머신러닝 시스템을 경험과 숙련도 높은 '사람'으로 둘러싸는 방식이었다. 편향의 위험이 상존하는 기술을 버리는 것이 아니라 저널리스트들이 기술을 감시하고 보완하는 접근법인 것이다. 사회기술

시스템Socio-Technical System이라는 인간-기술 상호설계이론을 중심에 둠으로써 위험을 걷어내기 위해 부단히 노력하는 과정, 그것이 언어 기반 AI를 운영하는 절충안임을 제안하고 있다.

　뉴욕 타임스뿐 아니라 언어 기반 AI의 도입은 저널리즘 산업에서 중요한 과제로 대두되고 있다. 로이터 저널리즘 연구소가 작성한 《2021년 미디어 트렌드 예측 보고서》를 보면, 다수의 세계 언론사들이 AI를 다른 어떤 기술보다도 중요한 기술 요소로 인식하고 있었다. 여기에는 챗봇 저널리즘이라 불리는 대화형 AI가 포함되어 있음은 물론이다. 하지만 그 어떤 언어 기반 AI도 편향으로부터 자유롭지 않다.

　공정성과 투명성은 저널리즘의 핵심 가치이자 윤리다. 외부 언어모델에 의존적일 수밖에 없는 언론 산업의 특성상, 편향이 온전하게 제거되지 않은 채 AI 기술을 도입하기도 쉽지 않다. 결국 인간이 기계를 감독하지 않고서는 저널리즘의 본령을 지켜갈 수 없다는 결론에 다다르게 된다. 뉴욕 타임스가 그토록 인간과 기술의 협업과 감시를 강조하는 까닭이다. '이루다'는 더 훌륭한 저널리즘과 더 탁월한 저널리스트들의 가치를 다시금 입증해줬다.

자동팩트체킹
기술과
기본기

자동팩트체킹 기술에 대한 관심이 높아지고 있다. 이 기술에 대한 기대는 날로 증가하는 허위조작정보의 양에 비례한다. 인간 팩트체커의 힘만으로는 유튜브, 카카오톡 등에서 폭증하는 허위 조작 정보를 모두 검증할 수도, 그렇다고 그 속도를 제어할 수도 없어서다. 수용자 입장에서도 검증되지 않은 정보들이 인터넷 곳곳으로 퍼져나가면서 부지불식간 그것을 믿게 되고 재유통시키는 우를 범할 확률이 높아지고 있다. 자동팩트체킹 기술은 있으면 좋은 기술을 넘어 일상에서 반드시 필요한 기술의 단계로 진입하는 중이다.

포인터 연구소에 따르면 현재 자동팩트체킹 기술은 크게

두 가지 방향으로 개발되고 있다. 과거에 작성된 팩트체킹 데이터베이스^{이하} DB나 출처를 기반으로 검증하는 기술과 입장 탐지stance detection 기술이 그것이다. 전자에 대해 짧게 소개하면, 이미 검증된 팩트체크 DB를 활용하는 방식이다. 전세계 팩트체커들이 검증한 팩트체크 기사들을 구조화된 데이터로 저장하거나 확보한 뒤, 이 방대한 DB와 새롭게 제기된 주장문을 대조하며 검증을 진행한다. 데이터 커먼스라는 비영리 데이터 저장소가 팩트체크 DB의 저장 및 관리, 공유 역할을 맡고 있다.

DB가 풍성할수록 판정할 수 있는 범위와 정확도는 높아진다. 물론 검증 속도도 빨라진다. 여기에 신뢰할 수 있는 통계나 기타 근거 자료들도 동원된다. 팩트체크 DB에 포함돼 있지 않은 진술문을 판별하려면 추가적인 데이터도 반드시 필요하기 때문이다. 듀크 대학교의 스쿼시Squash, 영국 풀팩트Full Fact의 자동팩트체킹 기술이 대표적이라 할 수 있다.

DB 대조형 자동팩트체킹은 사람의 판단이 생각보다 많이 개입될 수밖에 없다. 스쿼시만 하더라도 최종적으로 그 내용을 방송 등으로 공개할지 여부는 인간이 최종적으로 결정하도록 구성돼 있다. 특히 팩트체크 DB로 판별하지 못하는 새로운 유형의 허위조작정보가 등장하면 전문 팩트체커의 감수가 필요적이다. 정확성의 빈틈이 여전히 존재하기에 기계에만 내맡기기엔 조심스러울 수밖에 없다. 완벽한 기술이 아닌 바에야 정확성을 생명으로 삼는 팩트체킹은 인간의 조정과 개입을 반드시 필요로 한다.

반면, 입장 탐지 기술은 진술문과 기사의 쌍을 기계에 학습시켜서 의심스러운 진술문을 찾아내는 데서부터 시작한다. 이를 위해 주로 사전 학습된 언어모델을 활용한다. 쉽게 말해 자연어를 잘 이해하는 인공지능이 팩트체킹 대상을 선정하고, 대조하고 판별해서 결과를 내놓는 형태다. 캐나다 워털루 대학교가 발표한 논문에 따르면 입장 탐지형 자동팩트체킹 기술은 문서 검색Document retrieval, 입장 탐지 Stance detection, 평판 평가Reputation assessment, 진술 검증Claim verification로 구성된다. 학습 데이터는 저널리즘 전문 연구기관인 토우 센터가 개발한 이머전트Emergent라는 루머 추적기에서 가져왔다. 특정 주제와 관련해 여러 언론사들이 보도한 기사들을 긁어모은 뒤, 시계열로 루머가 확산되는 흐름을 모은 일종의 사실 검증용 기사 꾸러미다.

두 부류의 자동팩트체킹 기술 모두 방대한 DB세트에 의존하고 있다는 걸 확인할 수 있다. 듀크대의 스퀴시는 누적된 팩트체크 기사 DB가 없었다면 구축하기 어려웠다. 워털루대의 자동팩트체킹은 토우센터의 이머전트 프로젝트의 데이터 세트를 학습시켰기에 탄생할 수 있었다. '기사와 진술문' 쌍 7만여 데이터 세트 중에 49,972개를 트레이닝 세트로, 25,413쌍은 테스트 세트로 활용해 개발한 것이다.

국내 언론사 중 구글의 크레임리뷰 같은 구조화된 팩트체크 DB를 적극적으로 생산하는 언론사는 거의 찾아보기 어렵다. 자동팩트체킹 기술을 개발하려면 구조화된 팩트체킹 기사 데이터를 확보할 수 있어야 하는데 그 기반이 여전히 취약하다. 그나마 희망이라면 서울대학교 언론정보연구소의 SNU팩트체크센터가 보유한 DB이다. 아쉬운 점은 이 센터가 보유한 양도 기대만큼 많지 않다는 사실이다. 특히 언어모델 기반으로 보다 기술적으로 고도화한 자동팩트체킹을 개발해야 한다면 양 자체가 절대적으로 부족한 상황이다.

지난 2019년 8월, 정부는 미디어 소통역량 강화 종합계획을 발표하면서 자동팩트체킹 툴 개발을 그 내용에 포함시켰다. 하지만 팩트체크 DB 구축에 대한 언급은 거의 보이지 않는다. 팩트체크 기사 생산은 전적으로 언론사들의 몫이기에 정부가 관여하기에도 부담스런 측면이 있었을 것이다. 국내에서도 자동팩트체킹 기술 연구가 한창이고 개발하는 곳도 여럿이다. 그러나 국내에서도 이러한 기술의 개발이 탄력을 받으려면, 국내 팩트체커들이 그들 자신의 작업물을 기계이해 가능한 형태로 구조화해 두는 것이 필수적이다. 특히 그것을 공유화한 자원, 즉 커먼스로 개방해둘 때 훨씬 더 큰 역량을 발휘한다. 저널리즘도 그것의 보조를 위한 기술도 기본이 튼튼해야 앞으로 나아갈 수 있다.

2장

빅테크와
저널리즘

AI,
Big Tech,
Journalism

빅테크의
저널리즘 보조금 정책과
언론의 딜레마

2023년 5월 4일, 오픈AI를 비롯해 구글, 마이크로소프트, 앤트로픽 등 AI 기업의 수장들이 카멀라 데비 해리스 당시 미 부통령과 백악관에서 마주 앉았다. 여러 얘기들이 오갔지만 핵심은 AI의 안전한 사용과 규제 문제였다. AI의 위험성에 대한 경고음을 전달하고 이를 규제하기 위한 방안을 모색하기 위한 자리였다. 회의에 잠시 들렀던 조 바이든 미 대통령도 '여러분들이 하고 있는 작업은 엄청난 잠재력과 엄청난 위험을 동시에 갖고 있다'며 우려를 표했다. 참석했던 누구도 이날 논의 내용을 외부에 발설하지 않았지만, 미국 정부가 강력한 규제의지를 지니고 있다는 사실만큼은 여러 언론

보도를 통해 확인됐다.

이날을 기점으로, 이들 수장들의 발걸음이 빨라졌다. 챗GPT 개발 기업인 오픈AI가 특히 그랬다. 백악관 회의가 열리고 며칠 뒤 미 의회 청문회에 불려간 샘 알트만 오픈AI 최고경영자는 'AI에 대한 규제가 필요하다'는 입장을 분명히 했다. 기술비판론자인 게리 마커스의 '국제적인 AI 규제기구' 설립에도 대체로 동의한다고 했다. 몇몇 언론들은 그의 전향적인 태도에 찬사를 보내기까지 했다.

이로부터 며칠 뒤인 5월 25일, 오픈AI는 'AI에 대한 민주주의의 투영'이라는 프로그램을 발표하고 총 100만 달러의 상금을 내걸었다. AI가 따라야 할 규칙을 결정하는 민주적 프로세스를 구축하기 위해 이에 대한 아이디어를 지원한다는 명분이었다. 오픈AI 측은 프로그램 발표와 함께 다음과 같은 언급을 덧붙였다.

"우리는 이러한 노력이 정부의 AI 규제를 대체하는 것이 아니라 보완하는 것으로 보고 있으며, 이 프로그램은 심의와 광범위한 대중의 의견을 디딤돌로 삼아 민주주의 정신으로 최선을 다하는 프로세스를 장려하고자 합니다."

오픈AI는 규제와 보조금의 오묘한 역학 관계를 정석으로 학습한 듯했다. 통상 규제 논의가 불거질 때마다 대규모 보조금 계획을 발표했고, 얼마 지나지 않아 규제 논의는 다소 부드러워지곤 했다. 글로벌 규제의 큰 물결이 출렁일 때마다 페이스북과 구글이 그렇게 성공 방정식을 만들어냈다. 그 가운데 저널리즘은 이러한 보조금 프로그램의 반복된 희생양이었다.

최근 오픈AI를 괴롭히는 핵심 주체는 뉴스 미디어들이다. 챗GPT가 다수 언론사들의 뉴스와 콘텐츠를 동의받지 않고 학습했기에 그렇다. 뉴욕 타임스를 비롯한 여러 언론 관련 협회 등이 오픈AI를 상대로 소송을 진행 또는 준비 중이다. 소송이 미국을 넘어 전 세계에 걸쳐 이루어지고 있을 정도로 갈등의 외연도 점차 확장하는 국면이다.

오픈AI는 선배 빅테크들처럼 영리하게 보조금 카드를 꺼내들었다. 우선 아메리카저널리즘프로젝트이하 AJP에 500만 달러를 지원하겠다고 발표했다. AJP는 보조금을 지급받는 대가로 생성 AI에 대한 활용 교육 프로그램을 개설하고, 허위정보 확산을 방지할 수 있는 다양한 방안들에 대한 피드백을 오픈AI에 제공하기로 했다. 또한 10개의 비영리 언론사를 선정해 생성 AI를 활용한 애플리케이션 개발을 지원하겠다고도 했다. 여기에 더해 오픈AI는 GPT API를 무료로 사용할 수 있는 크레디트 500만 달러도 약속했다. GPT 시리즈를 써야만 얻을 수 있는 인센티브다. 결과적으로 APJ는 오픈AI가 개발한 챗GPT의 확산을 도우면서 이로 인한 위험을 낮출 수 있는 다양한 모범사례를 만들어줘야만 한다. 그것이 보조금의 반대급부다.

오픈AI는 언론사의 뉴스를 합법적으로 구매하는 전략도 본격화했다. 오픈AI는 1985년 이후 생산된 AP의 모든 뉴스 콘텐츠에 대한 접근권을 구매하는 계약을 체결했다. 정확한 금액은 확인되지 않았지만, 저작권 분쟁을 빚고 있는 상황에서 맺은 첫 번째 계약이기에 의미가 깊다. 놓치지 말아야 할 요소도 있다. 앞선 APJ의 보조금 제공사례처럼 AP는 오픈AI에 품질 높은 피드백을 제공해야만 한다. 생성된 결과물의 정확성은 어느 정도인지, 만족도는 얼마인지, 뉴스 생산 시간을 얼마나 절약했는지 등 다양한 반응을 오픈AI에 넘겨줘야 한다. 고품질의 뉴스 콘텐츠를 합법적으로 학습시킬 수 있는데다 양질의 피드백까지 얻을 수 있게 되었으니 오픈AI로선 나쁘지 않은 거래다. 즉, GPT 시리즈는 그만큼 더 질적으로 향상될 수 있는 기회를 갖게 된 것이다.

이에 뒤질세라 구글도 언론사를 향해 구애의 손길을 뻗고 있다. 구글은 더 월 스트리트 저널, 뉴욕 타임스, 워싱턴 포스트의 사무실을 직접 방문해, 제네시스Genensis라는 이름의 뉴스 전용 생성 AI를 사용해 줄 것을 요청했다. 구글은 '우리가 직접 개발한 제네시스는 저널리즘의 대체자가 아닌 보조자'라는 명분을 내걸었다. 어느 정도 검증이 되면 소규모 언론사들과도 협업해 기자들을 도울 것이라도 했다. 여기에 보조금이 빠질 리 만무하다.

빅테크 기업들은 그들을 향한 규제의 날이 서슬 퍼런 때마다 보조금을 정책을 발표해왔다. 자사 기술의 활용을 촉진하기 위한 프로그램의 운영을 위해 상당한 자금도 지원했다. 수억 달러를 쏟아 부으며 언론의 환심을 사기 위해 애썼다. 하지만 곧 활용 가치가 떨어지면 추가 지원을 중단하거나 축소했다. 보조금에 의존했던 언론사들은 갑작스런 그들의 변심에 휘청거려야 했다. 그것이 빅테크의 보조금 역사가 준 교훈이다. 메타Meta가 그랬고 구글이 그랬다. 이와 관련해 컬럼비아 저널리즘 리뷰의 매튜 잉그램 기자는 "이러한 기업들이 제공하는 모든 지원은 궁극적으로 언론사를 문 닫게 하는 데 기여할 수 있으며, AI 생태계 대한 언론의 효용이 소진되면 자금 지원의 물꼬가 금방 꺼질 위험도 남아 있다"고 썼다. 냉혹한 현실에 대한 냉철한 판단의 중요성을 상기시키는 대목이다.

저널리즘과 민주주의를 지원하기 위한 빅테크의 관심과 선의를 나무랄 이유는 없다. 하지만 그들의 보조금은 저널리즘의 지속가능성을 앗아간 역사 위에서 늘 작동해왔다. 광고시장의 점유율 변화가 이를 증명한다. 또다시 언론사들은 딜레마에 봉착하게 됐다. **더 좋은 피드백을 그들에게 제공할수록, 더 많은 기자의 생존조건이 위기에 처할 수 있다. 최선의 해법은 아직 발견되지 않았다.**

뉴스가 사라진
빅테크 플랫폼,
그 상상이 필요한 시점

점입가경이다. 이해가 얽히고설킨다. 단일한 접근법이 수용되지 않는 국면이다. 여기에 국가 간의 이해관계까지 맞물리면서 얽힌 실타래를 풀어내기란 더욱 어려워졌다. 빅테크에 의한 '저널리즘 포획' 문제는 이렇게 혼란의 지경으로 빠져들어가고 있다.

이런 상황에서 미국 뉴스길드의 저널리즘 경쟁과 보호에 관한 법률JCPA 반대 입장은 의외라는 평가를 받는다. 뉴스 사업자 조직인 뉴스미디어얼라이언스가 강력한 지지의사를 밝힌 이 법안은 법안명 그대로 저널리즘을 보호하기 위한 취지에서 발의됐다. 뉴스를 노출하면 그에 응당한 비용을 지불할 것을 강제하는 것이 골자다. 페이스북의 모회사인 메타조차 이 법안이 통과될 경우 뉴스 노출을 차단하겠다고 으름장을 놓을 만큼 플랫폼 기업들이 두려워하고 있다. 게다가 2021년 호주 지역을 대상으로 뉴스 차단을 시도한 바 있는 메타이기에 뉴스 노출 차단 협박은 실현 불가능한 선언도 아닌 셈이다.

정작 이 법안을 반길 줄 알았던 미국의 기자 노조는 JCPA가 기자들에게는 실익이 없다며 우려를 나타냈다. 사실상 반대 의사를 드러낸 것이다. 이유는 간명하다. 빅테크 플랫폼에 뉴스에 대한 보상을 강제한다고 하더라도, 그 유익이 기자들에게 돌아오지 않는다는 것. 즉, 대형 뉴스 기업 사주들의 배만 불릴 뿐, 그 돈이 저널리즘엔 재투자되지 않는다는 이유에서다. 헤지펀드가 장악하고 있는 미국 대형 언론사들이 JCPA 통과로 거머쥘 빅테크의 지원금을 저널리즘을 위해 쓸 이유가 없다고 본 것이다. 오히려 현금을 창구로 활용하면서 자신의 주머니에 채워둘 가능성이 더 높다고 뉴스길드는 우려했다.

미국의 뉴스길드와 보조를 맞춰온 영국의 전국기자노조 NUJ는 영국 정부가 추진 중인 디지털 시장, 경쟁 및 소비자

법안Digital Market, Competition and Consumer Bill, 이하 DMCC에 대해 침묵으로 일관하고 있다. 암묵적인 동의를 우회적으로 표현한 것으로 해석할 수 있다.

이 법안 또한 JCPA와 유사하게 빅테크 기업들의 뉴스 사용에 대해 비용 지불을 강제하는 항목을 내용에 담고 있다. 영국 전국기자노조는 '뉴스 회복 계획'의 일환으로 6%의 '횡재세'를 빅테크 기업들에 부과해야 한다고 일관되게 외쳐왔다. 여기에 더해 정리해고나 임금 삭감을 단행하고 노동조합의 조직화를 막는 언론사에는 공적 자금을 지원하지 않아야 한다고 못 박기까지 했다. 뉴스 회복 계획의 핵심 내용이 DMCC에 담길지는 아직 불확실하다. 어느 때보다 물밑 로비가 중요한 시점이기에 그들의 침묵은 자연스러워 보인다.

뉴스 사용에 대한 보상과 지불을 강제하는 법안이 미국과 영국에서 잇달아 발표되면서 빅테크의 머릿속은 복잡해지고 있다. 호주에서 불이 붙기 시작해 미국을 거쳐 유럽까지 넘어가고 있는 이 흐름은 좀체 멈춰 설 조짐이 보이지 않아서다. 빅테크 입장에서 위안이라면 이해당사자들마다 조금씩 균열을 드러내고 있다는 점이다. 이들은 그 기회를 발판 삼아 대응책을 고심하고 있다.

테스트베드는 흥미롭게도 캐나다였다. 뉴스 재사용에 대한 보상 교섭 조항을 담은 온라인 뉴스법C-18을 캐나다 정부가 내놓자, 구글은 일부 사용자에 한해 검색 결과에서 뉴스를 차단했다. 2021년 메타가 호주에서 취한 조치와 동일한 방식이다. 구글은 '검색에서 뉴스 콘텐츠를 차단할 수 있는 방법을 테스트한 것'뿐이라며 '캐나다 사용자의 4%에게만 영향을 미쳤다'고 이를 해명했다. 이는 온라인 뉴스법이 캐나다 의회를 통과할 경우 차단 조치를 전면화할 수도 있다는 엄포이기도 했다.

의회의 반발도 거셌다. 지난해 2월 말, 의회 상임위까지 통과한 이 온라인 뉴스법에 대해 구글이 뉴스 차단 조치로 대응하자 구글 핵심 임원에 대한 청문회를 요구할 정도였다. 캐나다 의회의 한 하원의원은 "구글의 행동은 검열에 해당하며, 이는 캐나다인을 존중하지 않는 태도"라며 격한 반응을 쏟아내기까지 했다.

그러자 이번에는 캐나다 의회를 상대로 미국 정부가 경고를 하고 나섰다. 바이든 정부는 구글 등 미국 빅테크를 겨냥한 온라인 뉴스법에 대해 '미국 기업을 차별할 수 있다'고 주장하며 무역 분쟁의 가능성을 제기했다. 같은 취지의 법안을 두고 국가 간 이해가 엇갈리면서 빅테크를 상대로 한 글로벌 연대는 더욱 어려워졌다.

위 사례에서 보듯, 빅테크들은 전 세계로 확산되고 있는 뉴스 보상 법안에 대응하기 위해 차단 조치를 수시로 꺼내들고 있다. 호주에 이어 캐나다에서도 현실이 됐고, 다음 차례는 미국과 영국일 확률이 높다. 기술적 준비도 완료된 상태다. 아직 전면적으로 뉴스 접근이 중단된 국가는 없다. 하지만 빅테크 기업들이 코너에 몰릴수록 차단의 가능성은 높아지고 지속 기간은 더 길어질 개연성이 높다.

특히나 구글과 메타로 상징되는 빅테크 기업의 실적 악화가 지속됨으로써 국가별로 수천억 원에 달하는 보상안이 받아들여지기 쉽지 않은 상황이다. 생성형 AI를 둘러싼 경쟁도 격화되고 있기에 그들로서는 투자금 확보도 미루기 어려운 처지다. 결국 빅테크가 선택할 수 있는 방안은 뉴스 서비스의 중단 혹은 보상 비용의 최소화라고 할 수 있다. 이는 뉴스 콘텐츠가 글로벌 검색 플랫폼과 SNS에서 우선순위가 밀리거나 사라지는 환경이 조만간 도래할 수 있다는 이야기이기도 하다.

'플랫폼 포획'에 대한 대안적 아이디어는 다양한 방식으로 제시되거나 실행되어 왔다. 특히 이중 유통 채널의 다변화는 가장 보편적인 접근방식에 해당한다. 하지만 뉴스 유통의 독과점 상황이 오랜 기간 지속된 조건에서 채널 다변화의 성과는 그리 눈에 띄지 않는 편이다. 정부 보조금을 기대하는 방식도 여러 한계를 지니고 있다. 지원금 대상의 선정 조건을 정부에 맡길 경우 저널리즘에 대한 통제 논란이 불거질 수 있어서다. 그렇다고 민주주의가 기능하는 데 있어 저널리즘이 차지하는 중요성, 그리고 전 세계 뉴스룸이 직면한 실존적 위기 등을 고려할 때, 아무 조치도 취하지 않을 수 없는 것 또한 현실이다.

　뉴스 산업은 위축되고 있고, 플랫폼 포획에 대한 솔루션은 찾아지지 않으며, 저널리즘 조직은 이해관계에 따라 조금씩 분열하고 있는 것이 현실이다. 아울러 빅테크 없는 저널리즘을 상상하기 시작해야 하는 시점, 그것이 저널리즘 생태계의 슬픈 오늘이다.

숏폼 영상의 인기와
페이스북의
뉴스 이별 선언

뉴스와 이별을 고하려는 페이스북의 행보가 빨라지고 있다. 2022년 7월 월스트리트저널의 보도를 보면, 가까운 시간 안에 페이스북이 언론사와의 뉴스 전재료 계약을 정리하고 여기서 아낀 다수의 자원을 크리에이터 경제에 쏟아부을 것으로 예상된다. 골치 아픈데다, '가성비'조차 나오지 않는 뉴스에 더 이상 돈을 퍼붓지 않겠다는 '냉엄한' 결단이 행간에서 읽힌다. 분기 매출액이 줄어들고 사용자마저 이탈하는 마당에 고매한 '저널리즘'에 신경 쏠 여유가 있을 리 만무하다.

심지어 급성장하는 서브스택에 대항하기 위해 2021년 기민하게 출시했던 뉴스레터 플랫폼 '불러틴Bulletin'마저도 투자 대상에서 제외됐다. '불러틴 셧다운'이라는 제목을 단 뉴스가 글로벌 IT 미디어의 톱 기사를 장식할 날도 머지않아 보인다.[9] 이렇게 뉴스는 페이스북의 핵심 메뉴에서 서서히, 한편으로는 빠르게 '삭제'되어 가고 있다.

현재 페이스북 모회사 메타의 머릿속엔 온통 '틱톡'과 '숏폼 영상'뿐이다. 그들의 광고 수익을 잠식하고 있는 틱톡, 틱톡의 흥행을 주도하고 있는 크리에이터, 그들이 매일매일 만들어가고 있는 숏폼 영상 생태계는 메타의 모든 촉수가 향하는 방향이다. 뉴스에 투입돼 왔던 연간 1,000억원 이상의 비용을 조정해 크리에이터 경제에 투입하겠다는 계산도 틱톡을 염두에 둔 접근이다. 틱톡과의 경쟁이 미국 내 언론사들의 저널리즘 전재 계약료를 감축시키는 나비효과를 불러온 셈이다.

알려져 있다시피 틱톡은 숏폼 영상의 상징이다. 유튜브가 '쇼츠'라는 이름으로, 인스타그램이 '릴스'라는 제목으로 벤치마킹한 원본 제품이자 원조 서비스다. 고작 20초 내외의 짧은 영상으로 전 세계 10억 명 이상의 열광을 불러 모은 독

---

9 실제로 메타는 2022년 10월 불레틴의 서비스 종료를 공식화했다.

특한 비디오 플랫폼이다. 그곳에 전 세계 광고주들이 돈을 못 써 안달이 나있다. 메타가 안절부절 못하는 이유도 틱톡에 이들을 빼앗길까 봐서다. 뉴스나 기자 따윈 이제 안중에 없고, 오로지 틱톡과 숏폼, 크리에이터만을 외치는 상황이다.

숏폼은 저널리즘에겐 독배로 인식돼 왔다. 어쩔 수 없이 잔을 들어야 하지만, 위험천만한 포맷이기도 했다. 논리적 정합성과 엄밀성을 10~20초 내외의 영상에 녹여 넣기란 여간 어려운 일이 아니다. 감성에 소구해야 하고, 커뮤니케이션 메시지를 압축해야 할 뿐 아니라 비약도 마다하지 않아야 했다. 우크라이나 전쟁 과정에서 확인됐듯, 검증이 쉽지 않은 허위정보가 수없이 돌아다닌다. 게임 영상이 전쟁 영상으로 포장된 경우, 기존 전쟁 영상이 우크라이나 현지 전쟁으로 왜곡된 비디오는 고작 몇 십초만 이용하면 쉽게 발견하게 된다. 전 세계 팩트체커들조차 '맥락의 부재'로 인해 검증의 어려움을 겪고 있을 정도다.

숏폼은 이렇게 저널리즘의 안전벨트를 스멀스멀 걷어가고 있다. 플랫폼은 그들의 수익 정도에 따라 얼마든지 뉴스를 버릴 수 있다는 걸 확인해줬다. 규제의 압박이라는 명분을 내걸고 철수 전략을 분명히 하고 있다. 젊은 독자와의 관계를 고려해야 하는 언론사들로서는 마지못해 숏폼 흐름에 편승해야 할 처지다. 늘 그렇듯, 잘 적응하겠지만 그만큼의 수익은 당분간 되받지 못할 가능성이 높다.

이쯤에서 인간의 주목 시간 한도Attention Span에 대한 신화를 상기할 필요가 있다. 틱톡을 위시한 숏폼 영상의 대세화가 인간의 평균 주목 시간의 단축 경향을 대변한다고 생각하면 곤란하다. '저널리즘의 원칙을 희생해서라도 가야만 하는 길'이라고 확대해석하는 것 또한 위험하다. 한 때 확인되지 않은 근거에 바탕해 인간의 평균 주목 시간 한도8.25초가 금붕어의 그것9초보다 짧다는 오정보가 확산된 적이 있다. 이는 과학적 근거가 빈약한 것으로 판명됐다.

오픈 유니버시티의 젬마 브리그 박사는 인간의 평균 주목 시간이라는 개념이 성립할 수 없다고 반박한다. 주목 시간 자체가 작업의 상황과 맥락에 따라 달라지기 때문이다.

예를 들어 멀티태스킹이 가능한 조건에서는 인간의 주목 시간 자체가 줄어들 수밖에 없다. 반면 영화관처럼 산만한 조건이 제거된 상황에서는 주목 시간이 길어지게 된다. 따라서 인간의 평균 주목 시간은 과학적으로 설득력을 갖기 어렵다는 것이 브리그 박사의 주장이다.

　다만, 수십 개의 앱, 수시로 떠올라오는 알람의 홍수 속에 존재하는 스마트폰 환경에서는 주목 시간이 줄어드는 건 피할 수 없는 결과다. 숏폼의 유행은 스마트폰이라는 기술문화적 맥락 안에서 나타나는 사용자들의 보편적 경향일 뿐이지, 인간의 주목 본성과는 상관이 없다. 이마저도 시간이 지남에 따라 변화를 겪는다. 트위터만 보더라도 140자로 시작해 280자를 거쳐 최근에는 긴 글을 등록할 수 있는 노트 기능으로 이어지고 있다. 비록 10여 년의 시간이 걸리긴 했지만 오로지 짧은 텍스트, 짧은 영상만이 인간의 콘텐츠 소비에 적합하다는 사고는 그저 신화일 뿐이다.

　저널리즘의 생존 조건은 역사적으로 끊임없이 변화한다. 구성과 형식은 바뀌면서 진화한다. 유통 플랫폼에 의존할 수밖에 없는 것은 명백한 사실이지만, 그것에 휘둘린다고 더 좋은 성과를 이뤄낼 수 있는 것도 아니다. 플랫폼들은 그들의 수익 전략에 따라 저널리즘 행위자들을 유혹하고 내팽개친다. 메타의 정책 변경으로 울고 웃은 언론사들이 얼마나 많았는가를 되돌아보면 된다. 지금의 숏폼 유행을 바라볼 때, 이러한 소셜 플랫폼의 역사성을 먼저 살필 필요가 있다.

'대세'에 올라타는 선택은 문제가 되지 않지만, 대세가 영원할 것이라고 믿는 순간 위험이 닥치기 마련이다.

언론사의 AI
'인프라 포획'과
플랫폼 종속

"지역 뉴스룸이 AI 사용을 확대할 수 있도록 지원하겠다."

AP는 지난 2022년 3월 AI와 지역 언론에 관한 보고서를 발표하면서, 이렇게 선언한 적이 있다. '뉴스의 사막화'에 대응하기 위한 전략이었다. 지역 언론을 위한 고심도 묻어났다. 여러 자원과 시간의 부족으로 지역 뉴스룸이 황폐화하자 '우리 AP의 목표는 혁신적인 기술을 활용하여 운영을 개선하도록 돕는 것'이라고 했다. AI 분야에서 닦아온 경험과 노하우를 지역 언론에게 전파함으로써 지역 뉴스의 소멸을 막아보겠다는 구상도 담겼다. 누가 봐도 선의를 의심하긴 어려운 보고서였다.

최근 들어, 기자 해고의 칼날을 무자비하게 휘두르고 있는 한 미국의 미디어 그룹이 AI 사용 정도를 높일 것이라는 전망이 제기됐다. 잘려나갈 기자들의 빈자리를 AI로 메우고, 기사량을 종전과 다름없이 유지함으로써 수익성을 개선하겠다는 얄팍한 야심이 작용했다. 실행 여부는 아직 관찰되지는 않고 있지만 굳이 거부할 이유도 없어 보인다. 수익성만 개선될 수 있다면 '기술의 혜택'을 충분히 활용할 명분도 존재하기에 그렇다.

요즘 들어 언론사의 AI 도입에 가속도가 붙고 있다. 도입에 따른 위험 요소보다 생산성 향상의 긍정 요소가 더 조명을 받고 있어서다. 하지만 언론사의 AI 기술의 도입을 둘러싸고 간과되는 하나의 영역이 있다. IT 산업에서 '뒷단'이라 불리는 인프라 영역이다.

인프라는 통상 소프트웨어, 하드웨어, 정보 및 데이터를 칭한다. 소프트웨어는 서비스 형태로 제공되는 언어모델, 기타 AI 애플리케이션 등을 말한다. 구글 클라우드 비전, 아마존 레코그니션, 네이버 하이퍼클로바X 등이 대표적인 사례다. 하드웨어는 AI 애플리케이션이 일반적으로 실행되는 클라우드 시스템, 스토리지 등이다. 이 또한 구글과 아마존,

네이버 등이 대부분 제공한다. 정보 및 데이터는 말 그대로 AI를 개선하기 위한 기반 데이터, 학습 데이터 등을 뜻한다.

　뉴스룸 안에서 AI를 도입하고 작동시키기 위해서는 대부분 빅테크의 AI 인프라에 의존할 수밖에 없다. 로봇 저널리즘이든, 헤드라인 작성 모델이든, 문서 자동 요약이든 대부분이 빅테크 기업들의 갇힌 인프라 구조 안에서 실행된다. 이 과정에 적지 않은 비용이 발생하기도 하고, 관련 추가 기술에 대한 의존도도 높아지게 된다. 특정 빅테크 인프라에 과도하게 종속되면, 다른 빅테크 인프라로 넘어가기도 쉽지 않다. '인프라 록인Infra Lock-in' 전략에 스멀스멀 포섭되는 경향이 두드러지게 되는 것이다.

　컬럼비아 대학교의 안야 쉬프린 교수는 '미디어 포획'이라는 개념으로 이 현상을 설명한 바 있다. 언론 집단이 특정 경제적, 정치적 그룹의 이익을 진전시키는데 복무하면서 점차 자율성을 잃어가는 흐름을 그렇게 불렀다. 보도 내용이 획일화하고, 확증편향을 부추기거나 이용하고, 광고와 기사를 흥정하는 행태들도 특정 그룹의 이익에 포획되면서 나타나는 결과들이라고 했다. 조지 워싱턴 대학교의 에프라트 네추슈타이 교수는 기술 인프라에 조금 더 초점을 맞춘다. 그는

'인프라 포획'이라는 개념으로 이 현상을 해석했다. 빅테크 기업이 제공하는 AI 서비스와 그들의 인프라에 의존하게 되면서 뉴스 제작, 유통 업무의 사회기술적 조건이 제약을 받거나 변형된다는 것이다. 단순히 기술 인프라에 종속되는 것뿐 아니라 게이트키핑이라는 저널리즘 고유의 작업에도 영향을 미치게 된다고까지 했다.

앞서 언급했지만, 특정 빅테크 기업의 AI 인프라에 의존하게 되면 그곳을 벗어나기란 무척이나 어렵다. 벤더 종속이 발생한다는 얘기다. 예를 들어 언론사가 자사 데이터로 훈련한 특정 기계학습 모델을 다른 빅테크 인프라로 이전하기가 쉽지 않다. 이전의 표준이 정착돼 있지 않아서다. 이 같은 인프라 포획은 AI의 적용 범주가 넓어지면서 저널리즘 영역으로 침투되기 마련이다. 사용자 관심사에 최적화한 뉴스 추천 알고리즘을 AI 기반으로 모델링해 적용한다고 가정해 보자. 어느 빅테크 기업의 인프라에 의존하느냐에 따라 결과값은 달라질 수밖에 없다. 그렇다고 다른 AI 인프라로 넘어가기도 쉽지 않다. 말 그대로 언론사의 게이트키핑 작업이 빅테크 인프라에 포획될 수도 있다는 얘기다.

《컨트롤 레볼루션》의 저자 제임스 베니거는 A 조직이 다른 B에 영향력이나 권력을 갖게 되는 경우, 여기서 일어나는 '통제는 미리 결정된 목표를 향한 의도적인 영향'이라고 이야기한 바 있다. 이를 빅테크와 언론사의 관계에 대입해보자. A 빅테크의 인프라를 통해 언론사에 대한 영향력이 형성된다는 것은 곧 빅테크 AI 인프라의 결정된 목표에 언론사가 복무하게 된다는 의미로 해석이 가능해진다. 뉴스룸의 AI 도입을 둘러싼 인프라 포획이 그만큼 위험하다는 방증이기도 하다.

옥스퍼드 대학교 저널리즘 연구소의 커뮤니케이션 연구자인 펠릭스 사이먼은 중력이론에 빗대 이렇게 말한다. "더 큰 질량을 가진 물체로서 플랫폼 기업은 작은 물체보다 더 강한 중력을 발휘하여 후자를 궤도로 끌어들인다" 결국 **빅테크 기업의 강력한 AI 인프라는 언론사처럼 상대적으로 자금력과 기술력이 부족한 기업들을 중력의 힘처럼 안으로 빨아들이게 되고 그 의존성도 심화시키게 된다는 것이다.**

뉴스룸의 AI 도입은 많은 장점들을 가지고 있다. AP의 보고서가 입증했듯, 기자들의 작업량을 상당량 감소시키고, 언론사가 더 많은 권력을 감시하는데 도움을 주기도 한다. 소규모의 지역 언론사가 보도 범위를 확장하는 데에도 기여할 수 있다. 하지만 그 이면에는 더 깊은 '인프라 포획'이 불가피하게 자리하게 된다. 오픈소스 AI 모델을 활용할 기회마저 축소되면서, 언론사의 자율성이 위협받게 되는 국면으로 나아가고 있다.

한 가지 희망이 있다면, 이러한 인프라 포획의 위험을 이미 언론사들이 인지하고 있다는 사실이다. 자체 AI 기술 구축과 협업의 동기부여도 여기서 비롯되고 있다. 당분간의 빅테크 의존은 불가피하더라도, 공적 부문의 보조를 통해 자체 개발 역량을 확장시키는 노력이 반드시 함께 이루어져야 한다. AI 도입으로 인한 기자 역할 대체 논쟁보다 인프라 포획의 경고장을 어떻게 다룰 것인가를 더 깊이 논의하는 게 지금은 더 생산적일 수 있다.

머스크의
트위터 인수와
기자들의 인지편향

2022년 4월, 뉴욕 타임스의 편집인 딘 바켓이 기자들에게 한 가지 부탁을 했다. "트위터현 X를 좀 적게 사용하고 신중하게 쓰고 기사를 쓰는 데 더 많은 시간을 쓰길 바란다"는 내용이었다. "계속 트위터를 사용할 거라면 트윗을 하거나 스크롤링하며 플랫폼에서 보내는 시간을 의미 있게 줄이는 것이 좋다"고 덧붙이기도 했다. 곧 편집인 자리에서 내려오는 마당에 그가 이런 껄끄러운 부탁을 기자들에게 한 건 여러 연유들이 복합적으로 작용해서다.

이는 뉴욕 타임스의 전 기술문화 담당 기자였던 테일러 로렌즈의 인터뷰가 결정적 계기가 됐다는 후문이다. 그녀는 뉴욕 타임스에 근무할 당시 트위터를 통해 심각한 괴롭힘을 당했다. MSNBC와의 인터뷰에서 극단적 선택을 고민하기까지 했다고 고백할 정도였다. 트위터를 통해 받은 수많은 모욕과 온라인 괴롭힘이 기자들에게 전이되며 외면 못할 지경에 이른 것이다.

물론 딘 바케이 편집인이 전례를 뒤집는 새로운 원칙을 기자들에게 주문한 건 이 사건 때문만은 아니었다. 그는 "보도나 피드백 도구로서 트위터에 너무 많이 의존하고 있다. 이는 우리의 피드가 에코챔버[10]가 될 때 특히 더 우리 저널리즘에 해롭다"고도 언급했다. 트위터에 머무는 시간이 많을수록 기자들은 편향된 에코챔버에 압도당하고, 그것을 여론으로 착각하는 왜곡된 인지편향을 경험할 수 있다는 점을 경고한 것이기도 했다.

딘 바케이의 이러한 인식은 근거가 전혀 없지는 않다. 지난 2022년 3월 발행된 이지혜 등이 '언론인의 단어 선택에 대한 인지편향'을 다룬 논문을 살펴보면 그의 요청이 충분

---

10 소리를 내면 그 소리가 메아리가 되어 돌아오듯, 인터넷 공간에서 자신과 유사한 사람들과 주로 소통하면서 점차 편향된 사고를 갖게 되는 현상.

히 설득력을 지닌다는 사실을 확인할 수 있게 된다. 이들 연구진은 2016년에 미국 대선을 취재한 73명의 기자들이 남긴 트윗, 기사, 방송 스크립트 등을 22만 건 이상 분석해 기자들이 트위터에서 더 인지편향적 행동을 보인다는 사실을 입증했다.

특히 기자들은 기사를 작성할 때와 달리 트윗을 올릴 때 감정적인 단어를 더 자주 사용했다. 뿐만 아니라 뉴스 기사보다 분석적 단어나 통계, 숫자와 같은 용어를 덜 쓰는 경향을 보였다. 논문은 이것이 트위터에서 기자들의 자기 검증은 적고 직관적 추론은 많았음을 시사한다고 밝히기도 했다. 인지이론의 개념을 인용하면 기자들 또한 직관과 감정, 편향에 의존하는 시스템의 인지모드 의존도가 트위터에서 높게 나왔다는 것이다.

이런 와중에 트위터 거버넌스 구조에 큰 변화가 닥치고 있다. 실리콘밸리에서조차 '변덕의 왕'이라 불리는 일론 머스크가 트위터를 인수하기로 한 것이다.[11] 머스크는 농담처럼

---

11 일론 머스크는 2022년 4월, 트위터를 인수하겠다고 제안했고, 트위터 이사회는 440억 달러 인수 제안을 만장일치로 수락했다 트위터라는 이름이 머스크의 뜻에 따라 엑스X로 바뀐 것은 이로부터 약 9개월 뒤인 2023년 7월의 일이다.

트위터 인수안을 꺼내놓을 때부터 트위터의 개편 방향을 여러 차례 제시해왔다. 피드 알고리즘을 오픈소스로 공개하겠다는 제안부터 편집 기능의 도입, 표현의 자유 강화 등에 이르기까지 굵직굵직한 파장을 낳을 특별한 아이디어를 쉴 새 없이 쏟아냈다.

저널리즘 생태계가 특히 주목할 만한 발언은 '표현의 자유'와 관련한 부분이다. 그는 2022년 4월 테드 콘퍼런스 참석해 자신이 생각하는 표현의 자유를 이렇게 정의한 적이 있다. "당신이 좋아하지 않는 사람이 당신이 좋아하지 않는 말을 하는 것이 허용되는가? 그렇다면 우리는 표현의 자유가 있는 것이다." 심지어 그 스스로를 '표현의 자유 절대주의자'라고 설명하기도 했다.

통상 '실리콘밸리'가 강조하는 표현의 자유 절대주의는 그것이 혐오와 온라인 괴롭힘, 음란과 허위정보를 담고 있더라도 이를 규제하기 위해 국가가 개입해서는 안 된다는 이데올로기에 바탕을 둔다. 이를 캘리포니아 이데올로기라 부른다. 무정부주의적 색채가 강한 하이테크 자유주의와 반국가주의로 묘사되는 이 이념은 실리콘밸리 신흥 기술 부자들의 핵심 세계관으로 굳건하게 자리를 잡고 있다. 머스크 또한 예외이지 않으며, 그는 트위터 인수과정에서 이를 더 노골적으로 드러내기까지 했다.

머스크의 표현의 자유 절대주의가 트위터에 투영될 경우 '허위조작정보에 대한 콘텐츠 심사'는 위축될 수밖에 없다. 알렉스 존스나 도널드 트럼프의 계정 영구정지와 같은 조치가 어려워질 수 있다는 이야기이다. 심지어 나치 홍보 사이트의 광고를 허용했던 2016년 11월의 그날로 회귀할 수도 있다. 어디까지나 예상이고 가정이지만 '변덕꾼' 머스크는 언제든 이러한 정책을 관철하려 끊임없이 노력할 것이다. 오죽하면 EU가 인수 절차가 마무리도 되지 않은 시점에 공개적으로 경고를 보낼 정도겠는가. 이 발언이 소개된 직후 트럼프 전 대통령의 트위터 계정 복구 목소리가 터져 나오기 시작한 것도 주목할 만한 흐름이다.[12]

기자의 트위터 이야기로 다시 돌아오자. 지금도 국내외 다수의 언론인들은 트위터에서 적지 않은 시간을 보내고 있다. 그곳에서 독자들의 피드백을 받고 있고, 대화도 주고받

---

[12] 일론 머스크는 트위터 인수 약 3주 만인 2022년 11월 도널드 트럼프의 트위터 계정을 복구했다. 트럼프의 계정은 복구 약 20분 만에 팔로워 100만 명을 돌파했다.

는다. 하지만 기자들은 트위터에서 목소리가 큰 집단에 더 많이 노출되기 마련이다. 이 과정에서 자기 검증이 결여된 발언들을 종종 하게 되고, 논쟁에 가담하게 되며 저널리즘의 신뢰를 갉아먹는 실수도 저지르게 된다.

문제는 머스크의 트위터 인수 이후 풍경이다. 뉴욕 타임스 기자 출신인 찰리 와르젤은 머스크 이후의 트위터가 '중차대한 사후판단을 거의 하지 않고 공격적으로 양극화되어 점점 독성이 강해지는 정치문화 환경을 곧 직면하게 될 것'이라고 내다봤다. 확장해서 해석하면 기자들이 앞으로 에코챔버에 갇힐 확률이 더 높아질 수 있다는 경고이기도 하다.

인간은 기본적으로 인지적 구두쇠cognitive miser다. 기자도 예외일 순 없다. 기자 집단처럼 빠른 속보를 담당해야 하고, 독자들과 소통까지 하려면 필연적으로 인지적 구두쇠의 관성에 더욱 기대게 된다. 이럴 때 소셜 미디어를 둘러싼 거버넌스와 커뮤니케이션 환경이 달라지면 기자의 인지편향 경향성은 더 강화될 수도 있다. 우리가 딘 바케이 편집인의 주문을 흘려 듣지 않아야 할 이유다.

포털 협력
유인책으로서의
Trust.txt

'탈진실의 시대, 언론이냐 아니냐를 결정하는 주체는 누구여야 할까?'

이 짧은 질문 안에는 수많은 행위자들과 제도의 이해관계가 복잡하게 뒤엉켜 있다. 만약 그 해답이 정부라면, 해당 사회는 언론의 자유가 박탈된 공간일 확률이 높을 것이다. 정부가 언론 여부를 획정할 권리를 지닌 곳에 민주주의가 싹틀리 만무하기 때문이다. 만약 플랫폼이라면 또 어떨까. 기술권력에 저널리즘이 종속적으로 지배되는 사회일 가능성이 클 것이다. 언론과 그것의 신뢰 여부를 기술권력이 재단하고, 판정함으로써 저널리즘을 기술의 하위 체계로 복속시켜

놓은 기술주의 사회의 모습. 그런 사회를 우리는 건강하다고 말하지는 않을 것이다.

　이처럼 언론사의 신뢰 여부를 가르는 주체를 두고 사회의 성격이 규정될 만큼 이 질문은 난이도가 꽤나 높은 편이다. 그렇다고 마냥 회피하기도 어려운 주제다. 허위조작정보의 확산을 방지하기 위해서라도 언론 여부, 그들의 신뢰 여부를 어떤 식으로든 정의해야만 한다. 모든 정보 생산자를 검색과 소셜 미디어의 피드에 올려놓을 수는 없어서다.

　Trust.txt는 언론사의 신뢰 여부를 언론 스스로 결정하자는 철학에서 도출된 기술 프레임워크다. 워싱턴 포스트, 폴리티코, AP 등 쟁쟁한 디지털 언론사들이 가입한 협회인 '디지털콘텐트넥스트'가 제안했고 비영리조직 '저널리스트'가 관리를 담당하고 있다. 언론 관련 협회가 언론사의 신뢰를, 다시 언론사의 신뢰가 협회의 신뢰를 보증한다는 접근법에 기초한다. 최근에는 AAM미국감사 미디어연합, 구 ABC이 합류할 정도로 성장세도 빠르다.

　여기에 txt라는 기술 프레임워크가 더해진다. txt 프레임워크는 일종의 빅테크 검색봇과의 대화를 위한 장치다. 우리에게 익숙한 robots.txt가 그러하듯, 검색 기계가 해석할 수 있는 언어로 작성된다. 해당 언론사가 어떤 협회 소속인지, 어떤 언론 자회사를 운영하고 있는지, 어떤 소셜 미디어 계정을 관리하고 있는지 기계가 이해 가능한 언어로 만들어져 trust.txt 파일 이름으로 저장된다. 저장된 파일을 언론사와 협회가 각각 자신들의 웹사이트 최상단 폴더에 업로드해 두면 검색봇이 이 파일을 읽고 신뢰도를 검증하는 기초 데이터로 활용하게 된다. 협회는 언론사의 신뢰를 보증하는 공인된 데이터를 플랫폼이 선호하는 형태로 공개할 뿐, 플랫폼의 언론사 랭킹 알고리즘에 일체 관여하지 않는다. 플랫폼은 뉴스를 생산하는 모든 사이트에서 trust.txt 파일을 읽어낸 뒤 협회와 언론사를 교차검증하게 되고, 그 결과에 따라 자율적으로 언론사에 대한 신뢰 수준을 판단하게 된다. trust.txt는 일종의 참고 자료로 활용되게 되며, 플랫폼의 판단에 따라 trust.txt를 게시한 언론사는 검색 순위 등에서 배려를 받을 수도 있게 되는 구조다.

Trust.txt는 가짜뉴스를 생산하는 미디어들과 신뢰할 수 있는 언론사를 구별 짓기 위해 저널리즘 진영이 떠올린 기술적 묘책이다. 그간 플랫폼 기업들은 지속된 외부의 압박으로 언론사의 신뢰 여부를 그들 스스로 판단해야만 하는 처지에 내몰려 왔다. 허위조작정보를 분류해 그들 플랫폼에서 걸어 내지 않으면 막대한 페널티를 감내해야 할 상황이다. 다수의 플랫폼들은 IFCNInternational Fact-Checking Network, 국제 팩트체킹 네 트워크 같은 공인된 저널리스트 조직의 도움을 얻어 허위조작 정보를 일부분 걸러내 왔지만, 이것만으로는 역부족인 상황 이다. trust.txt는 이런 점에서 플랫폼 기업들의 골칫거리 하 나를 해결해 줄 수 있는 유력한 대안으로 여겨지고 있다. 언 론의 신뢰를 플랫폼이 자의적으로 재단하는 데 따른 부담과 후과를 더 이상 감당하지 않아도 된다는 건 덤이다.

언론사와 언론협회, 플랫폼이라는 삼각의 네트워크가 개 방적 표준에 기초해 협업함으로써 허위조작정보를 생산하 는 언론사를 확산의 플랫폼 안에서 배제할 수 있는 기술 기 반은 마련이 됐다. 남은 숙제는 이 신뢰 네트워크가 더 확산 되고 규모가 글로벌 차원으로 커지는 것이다. 이 과정에서 네트워크의 신뢰에 균열이 발생하지 않도록 잘 관리도 돼야 한다.

Trust.txt 프레임워크는 국내에서 논의 중인 통합형 언론 자율규제기구에도 몇 가지 아이디어를 던져준다. 포털이 참 여하지 않으면 규제 효력을 잃게 되는 딜레마 앞에서, 개방적이고 표준적인 기술 프레임워크가 어떤 장점이 있는가를 제시하고 있어서다. 2021년 12월에 발표된 '통합형 자율규제기구 설립안'에는 포털 등 플랫폼과의 협력관계가 다음과 같이 짤막하게 서술되어 있다. '뉴스 유통에서 큰 비중을 차지하고 있는 포털사들과 언론사가 제휴를 함에 있어서 자율규제 체제에 가입해 있는 것을 기본 자격으로 하고, 기구의 제재 결정 등을 이런 제휴의 계속 여부를 심사하는 과정에서 반영할 수 있도록 하는 것이 필요하다. 이를 위해 포털사와의 협약을 추진할 수 있다.'

포털의 참여가 반드시 필요하긴 하지만, 협약 이외의 방법으로 유인할 방법이 많지 않다는 고민이 읽힌다. txt 기술 프레임워크는 포털의 자율규제기구 참여를 강제하진 못하더라도 그들이 참고할 수밖에 없는 데이터를 제공한다는 이점이 있다. 신뢰할 수 있는 데이터를 더 많이 참고할수록 더 권위를 높일 수 있는 포털로서는 이 소중한 데이터를 거부할 이유가 별로 없을 것이다. 게다가 개방적이고 표준적인 기술적 프레임워크라는 기술친화적 언어로 구성돼 있어 포털의 참여를 유인하는 긍정적 효과도 발휘할 수 있다.

사회를 구성하는 각각의 행위자들은 그들에게 익숙한 언

어와 프로토콜을 가지고 있다. 그것은 소통의 수단이면서도 동시에 권력이기도 하다. 포털을 설득하는데 있어 저널리즘 진영과 제도 설계자들은 그들만의 언어와 프로토콜로 압박하고 을러댔다. 이제는 그 관성에서 벗어날 때도 됐다. 포털과 같은 기술 기업의 참여를 유도하기 위해 그들의 언어와 프로토콜로 접근해 보는 것이 때로는 큰 수고를 덜어주는 현명한 방책일 수도 있다.

네이버 뉴스와
구글 뉴스의 공정

공정성은 저널리즘이 해결해야 할 난제 가운데 하나다. 어느 개념보다 주관적이고 어느 가치보다 이상적이다. 공정성을 저널리즘 원칙의 중심에 두는 순간 매우 복잡한 질문과 마주해야 한다. 누구를 위한 공정인가의 문제다. 수용자를 위한 공정인지, 정치인을 위한 공정인지, 언론사를 위한 공정인지가 그것이다.

국내 정치인들은 자신들을 위한 공정을 이야기한다. 그들이 정의하는 공정의 잣대로 플랫폼 사업자들의 뉴스 배치를 판단한다. 본인 진영의 뉴스가 본인이 소비하는 화면 속에 상대적으로 덜 노출될 경우 혹은 그 반대로 상대 진영의 뉴스가 자신이 보는 화면에 더 자주 등장할 경우 공정하지 않다고 재단한다. 수용자라고 다를 것은 없다. '이념의 진영화 시대' 수용자들도 각자의 논리에 갇혀 공정성을 말한다. 가장 공정한 것이 가장 불공정하며, 그 역의 논리도 통용되는 시대를 우리는 관통하고 있다.

공정성은 기술마저도 풀어내기 무척 어려운 과제다. 공정성의 정의가 합의된다 하더라도 그것을 식별할 수 있는 정량화한 특질을 발굴하고 개발하지 않으면 기계적으로 공정성을 구현해 낼 수가 없다. 하지만 지금 뉴스를 서비스하고 있는 대형 플랫폼들은 이 난제를 놓고 좌충우돌을 겪고 있다. 어쩌면 누구보다 그들이 더 깊은 난관에 빠져 있을지 모른다. 툭 던져놓고 '알아서 풀어봐'라는 사회의 요구에 입이 댓발 나와 있을 것이다.

네이버 뉴스와 구글 뉴스의 알고리즘을 통해 난해함을 짚어보자. 네이버는 지난 2022년 1월 27일, '2차 알고리즘 검토위원회'의 결과를 발표했다. 여기에도 공정성이 문제로 부각됐다. 주로 언론사에 대한 공정성 문제다. 검토위원들은 이념과 성향을 분류하거나 우대하는 요소는 찾아볼 수 없다는 결론을 내렸다. 1차 위원들의 결론과 다르지 않았다. 그럼에도 네이버의 뉴스 알고리즘은 공정하지 않다는 평가를 정치권과 사용자, 그리고 언론사 모두로부터 끊임없이 받아 왔다.

의심을 살 만한 인과관계는 발견됐다. 사용자들이 기대하는 뉴스 결괏값을 보여주는 과정에서 기사의 송고량, 송고 시점, 기사 최신성을 우대하면서 특정 언론사에 유리한 조건을 만들어냈다는 것이다. 쉽게 말해, 기사의 생산량 자체가 많고, 이슈가 있을 때마다 최신의 상태로 빠르게 기사를 생산하는 언론사에 유리한 결과를 가져다줬다는 거다. 소위 실시간 온라인 대응팀을 탄탄하게 갖춘 일부 대형 언론사와 경제 매체가 과실을 가져갈 수밖에 없는 구조인 것이다.

더 심각한 문제는 이러한 대응력을 갖춘 언론사들이 뉴스 검색 노출, 소비 노출 등에 우위를 점하면서 사용자의 선호 형성에 기여했다는 사실이다. 당연히 사용자들에게 자주 노출된 대형 언론사의 기사는 많이 클릭될 기회를 얻게 됐고, 그것이 사용자 학습 데이터로 빨려 들어가면서 그들 소수 언론사들의 노출도가 더 증폭되는 결과를 낳았다. 그리고 소수 언론사의 편식 현상을 낳아 불공정의 인식으로 커져가게 된 것이다. 이를 보정하기 위한 네이버 뉴스의 노력이 없진 않았지만, 결과적으로 온라인 대응력이 높은 소수 대형 언론사들에 혜택을 부여하는 불공정의 결과로 이어졌다.

구글 뉴스도 신이 내린 해결책을 가진 것은 아니었다. 2020년에 발표된 가와카미 등의 논문을 보면, 구글은 미국 내 '공정성 독트린'의 전통을 지키기 위해 오히려 극우 언론사의 기사를 더 자주 노출하는 결과를 낳았다. 당시 연구진은 2020년 미국 대선 국면에서 구글이 검색 결과 내 톱뉴스 공간에 어떤 뉴스 출처를 더 자주 노출했는지를 1년 이상의 기간 동안 관찰했다. 그 결과 중도 지향 언론사 노출이 상대적으로 적었던 대신, 진보 성향 언론사와 노출 균형을 맞추기 위해 극우 성향 언론사 기사가 더 자주 노출되는 결과를 빚었다. 특히 이 과정에서 워싱턴 이그재미너, 브레이트바트, 폭스 뉴스 등이 득을 봤다. 이들 극우 언론사들 가운데 민주당원과 공화당원 모두에게 고른 신뢰를 얻은 언론사는 단 하나도 없었다.

물론 구글 뉴스 또한 이념, 성향 등을 뉴스 알고리즘의 주요한 특질로 상정하지 않았다. 사용자 대상 신뢰도 평가항목을 반영해 보다 신뢰도 높은 언론사를 찾고자 했지만, 의도대로 진행되지 않았을 뿐이다. 알고리즘의 빈틈만 노출하며

'기계적 균형성'만을 드러냈다. 구글 만의 방식으로 공정성 문제를 해결하려 했지만 역시 뒷말만 낳은 셈이다.

플랫폼 기업들의 뉴스 서비스를 두둔하기 위한 목적은 아니다. '공정하지 않다'는 명제의 위험성에 대한 이야기다. 특히 알고리즘으로 편집되는 뉴스 제품에 공정성의 개념을 주된 평가 잣대로 제시할 경우, 이 문제가 미궁으로 빠져들 수밖에 없다는 사실을 강조하기 위함이다. 구글과 네이버 뉴스의 사례에서 보듯, 공정성은 어디에서 바라보느냐에 따라 완전히 다른 개념으로 돌변하게 된다. 기술로도 쉽게 풀릴 수 없는 숙제다.

우리는 모두가 편향으로 빠져드는 시대를 살아가고 있다. 공정성은 사회가 함께 정의해야 할 '과정으로서의 개념'이지 결과로서의 종착점이 될 수 없다. 빌 코바치 등이 저널리즘의 원칙에서 공정성을 삭제한 이유도 마찬가지다. 1949년 미국 FCCFederal Communications Commission, 미연방통신위원회에 의해 정립된 공정성 독트린이 오히려 정부의 개입을 낳는다는 우려로 종말을 맞은 배경도 그리 다르지 않다.

선거철이 다가오면 포털 뉴스 알고리즘을 향한 공정성 공격이 부각되기 시작한다. 공영 방송의 공정성, 포털의 공정성, 신문의 공정성 등 공정성에 관한 결론 없는 공방이 지루하게 펼쳐진다는 말이다. 이에 대해 여느 때처럼 사람들은 저마다의 근거로 대응해 나갈 것이다. 하지만 한 가지만은 유의하자. 공정성은 너무나 아름다운 말이지만, 입 밖으로 나와 제도와 얽혀가는 순간 또 다른 위험으로 이어질 수도 있다는 사실 말이다.

뉴스 알고리즘
감시와
정책설계자의 역할

메타의 크라우드탱글Crowdtangle은 투명성의 보루였다. 뉴스
피드 알고리즘의 편향성을 향한 전 세계적 비판은 크라우드
탱글로 인해 공격 수위가 조절될 수 있었다. 공동체를 위한
건강한 알고리즘 개발에 힘쓰겠다는 메타의 진정성도 크라
우드탱글이 있었기에 통할 수 있었다.

지난 2021년 7월, 메타당시 페이스북가 크라우드탱글을 해체
하려 한다는 갑작스런 소식이 세상을 떠들썩하게 했다. 투명
성을 위해 수년간 갖은 애를 써왔던 크라우드탱글 주요 간부
들을 다른 부서로 재배치했다는 내용이었다. 알고리즘과 데
이터 투명성을 둘러싼 조직 내부의 갈등과 쟁투에서 크라우

드탱글 팀이 패배한 결과였다. 뉴욕 타임스의 테크 칼럼니스트 케빈 루즈는 크라우드탱글 창업자의 말을 인용해 "크라우드탱글을 완전히 없애거나 투입된 자원을 굶기기로 결정하더라도 놀랍지 않을 것"이라고 평하기까지 했다. 조직 안에서 벼랑 끝 운명으로 내몰리고 있는 크라우드탱글의 비루한 처지를 상징한다.

크라우드탱글은 원래 메타가 2016년에 인수한 콘텐츠 확산정보 분석 도구에 불과했다. 어떤 글이 페이스북 뉴스피드에서 가장 인기가 있는지, 어떻게 확산되는지를 언론인들이나 연구자들이 쉽게 파악할 수 있도록 도와주는 데 목적이 있었다. 하지만 점진적 기능 개선을 거듭하면서 페이스북의 뉴스피드 알고리즘의 작동 방식을 추정하고 연구할 수 있는 중요한 감시 수단으로 탈바꿈하게 됐다.

이후 크라우드탱글은 메타의 임원들에게 눈엣가시가 되었다. 외부로 투명하게 공개되는 데이터의 범위와 양이 증가하면서 더 강한 질책과 비난을 감수해야 해서다. '페이스북의 뉴스피드는 보수 세력의 에코챔버'라는 비난 담론이 확산된 기저에도 크라우드탱글의 역할이 있었다. 이 에코챔버 효과를 외부인이 보다 쉽게 관찰하고 계량화하도록 진화했기 때문이다. 그러나 메타는 크라우드탱글이 이러한 방향으로 성장하는데 도움을 더 이상 주지 않으려했다. 이는 작은 디지털 도구 하나가 알고리즘의 왜곡, 편향, 신뢰를 감시하는 데 얼마나 강력한 영향력을 행사할 수 있는지를 반증한다. 투명성의 위협으로 난처한 지경에 빠진 메타의 임원들은 크라우드탱글을 무력화하는 대신, 그 역할을 감사보고서로 대체하려는 방향 전환을 검토 중이다.[13]

파이어폭스로 유명한 모질라 재단은 지난 2021년 '유튜브 유감'이라는 39쪽 분량의 감사 보고서를 펴냈다. 유튜브가 추천 알고리즘을 통해 유튜브 자체 콘텐츠 가이드라인을 위반한 콘텐츠를 증폭, 확산시키고 있다는 내용이 골자다. 재단은 특히 이러한 현상이 비영어권 국가에서 더 심각하게 발생하고 있다며 구체적 근거들을 세세한 수치들과 함께 제시했다.

이 보고서를 주목해야 하는 이유 중 하나는 그들이 제안한 해법에 있다. 특히 제도와 정책당국자를 향한 제언은 귀담아

---

13 메타는 크라우드탱글에 대한 개발 지원은 지속적으로 줄여간 끝에 2024년 8월 14일자로 서비스를 종료했다.

들을 대목이 많다. 무엇보다 알고리즘 감시를 위한 공익적 연구를 위해 강력한 데이터 액세스 프레임워크를 플랫폼 기업들이 설치하도록 강제해야 한다는 조언을 주목할 필요가 있다.

이 보고서가 언급하고 있는 데이터 액세스 프레임워크는 쉽게 말해 데이터의 분석 및 감시 도구를 뜻한다. 크라우드탱글처럼 언론인이나 연구자 등이 쉽게 접근해 알고리즘이 어떻게 시민의 안전을 위협하고 있는지, 어떤 방식으로 분열을 조장하고 있는지 들여다 볼 수 있도록 열어둔 준 개방형 디지털 서비스다.

'도구가 알고리즘 감시에 얼마나 도움이 되겠어?'라고 가벼이 보면 안 된다. 메타 임원진을 벌벌 떨게 했던, 그래서 조직 개편까지 단행하며 힘을 빼놓고 싶어 했던 핵심 대상이 바로 데이터 감시 도구였다. 알고리즘 소스를 통째로 공개하는 것보다, 선언적 수준에서 투명성을 요구하는 것보다 더 강력한 정책 효율을 관철할 수 있는 게 바로 준 개방형 데이터 액세스 도구다.

물론 이 도구는 감시 의지를 지닌 저널리스트와 연구자들의 존재를 전제로 한다. 감시 방법론으로 무장한 주체들이 협업하지 않는다면 빛 좋은 개살구에 불과하다. 하지만 알고리즘 감시에 대한 여론이 비등해지고 있는 시점에, 감시의 역량을 키워가고 있는 다양한 주체들이 등장하고 있는 상황을 고려하면 작동할 가능성은 충분하다.

국내에서는 네이버 뉴스 알고리즘을 둘러싼 정치권의 논란은 아직 사그라들지 않고 있다. 더 높은 강도의 규제책을 내놓기 위한 경마식 입법 경쟁도 계속되고 있다. 네이버는 뉴스 추천 알고리즘 설계 과정과 아키텍처를 공개하며 대응을 이어가고 있다. 그러나 정책 집행의 효과에 대한 검토는 치밀하게 논의되지 않는 분위기다. 오히려 전문가 집단이라는 이름으로 소수에게만 감시의 기회를 허락하는 '감시 엘리트주의' 수준의 아이디어에 머무르고 있다.

감시의 효과는 감시하는 '시선'의 양과 다양성에 비례한다. 감시자와 감사대상의 유착도 양과 다양성에 의해 통제될 때 가능성이 낮아진다. 알고리즘의 위험을 진심으로 평가하고 해결하고 싶다면, 정책설계자들의 접근법부터 혁신이 필요하다.

포털 알고리즘
비판과
감시 프레임워크

네이버의 뉴스 배열 알고리즘이 다시 도마에 올랐다. 이미 수차례 비판의 대상이 됐기에 낯설지는 않다. 권력화한 알고리즘이 감시의 대상이 된다는 건 저널리즘 관점에서 당연한 수순이다. '알고리즘 출입처'를 뜻하는 알고리듬 비트가 국내 언론계 안에서도 서서히 안착되는 분이기여서 반길 만한 소식이기도 하다.

하지만 아쉬움도 있다. 비판의 접근법과 그 방법론이다. 여러 언론사에 의해 시도되고 있는 포털의 뉴스 배열 알고리즘 비판은 그 목적의 순수성, 저널리즘적 가치를 인정한다손 치더라도 방법론은 좀체 진화하지 않고 있다. 제한된 데이터에 기반해 성급히 추론하는 보도 경향은 지금도 여전하다. 그나마 위안이라면 비판을 위해 동원된 아웃풋 데이터의 양이 조금씩은 늘어난다는데 있다.

《뉴스 자동화》의 저자 니콜라스 디아코풀러스 노스웨스턴 대학교 교수는 기자들이 알고리즘 비판을 시도할 때 유념해야 할 사항을 프레임워크 형태로 제안한 적이 있다. 요는 입력, 계산, 출력 3요소를 나눠서 접근하라는 것이다. 각 요소별로 알고리즘의 위협이나 한계 등이 차별적으로 나타날 수 있어서다. 또한 기자들 입장에선 각 요소별로 접근할 수 있는 대상물이 한정돼 있기에 서로 다른 대응법을 찾을 수도 있기 때문이다.

예를 들어보자. 포털 사이트의 뉴스 배열 알고리즘을 비판할 때 기자들이 수중에 쥘 수 있는 데이터는 출력값에 한정될 수밖에 없다. 뉴스 배열 알고리즘의 입력 데이터속성값나 계산을 위한 소스코드는 쉽사리 파악하기 어렵다. 뉴스가 배치된 출력값에 의존해 그것이 사회적 가치와 어떻게 괴리되고 있는지, 어떤 편향이 내재하는지를 추론해야 하는 경우가 대부분이다. 입력과 출력값 모두를 확보한 경우라면 역공학을 통해 알고리즘을 추정할 수라도 있겠지만, 내부 폭로자가 등장하지 않는 이상 현실적으로 그 정보까지 접근하기는 어렵다.

이 경우 기자들이 던질 수 있는 질문은 알고리즘으로 만들어진 결과물이 사회적으로 유용, 유익하고 이해할 수 있는가이다. 애초의 알고리즘 설계 목표나 가치대로 출력값이 제시되고 있는지를 관찰하며 그것의 사회적 유용성을 비판하고, 설명가능성을 꼬집는 탐사보도를 시도해볼 수 있다. 또한 사용자 특성별로 출력값을 비교 분석함으로써 어떤 편향이 발생하는지를 역추론할 수도 있다. 미국의 탐사보도 매체 프로퍼블리카나 뉴욕 타임스의 더 업샷 등이 알고리즘을 비판할 때 활용하는 접근법이다.

여기에 한 가지 유의할 점이 있다. 개인맞춤형 알고리즘을 비판할 때에는 한층 더 개선된 접근방식이 활용돼야 한다는 것이다. 페이스북의 뉴스피드 알고리즘, 유튜브의 추천 알고리즘을 분석할 때 프로퍼블리카, 더 마크업, 모질라는 특화된 브라우저나 브라우저 확장도구를 사용했다. 알고리즘이 사용자 개인별로 서로 다른 출력값을 보여줘서다. 예를 들면 모질라는 후회보고RegretReport라는 크롬, 파이어폭스 확장도구를 개발해 사용자별로 서로 다른 출력값을 추적했다. 더 마크업은 시민브라우저라는 맞춤형 브라우저를 패널들에게 제공해 관련 데이터를 크라우드소싱[14] 방식으로 수집했다.

이에 비하면, 국내 언론사의 알고리즘 비판은 사용자마다 다른 결과를 제시하는 맞춤형 알고리즘의 특성을 외면하는 경우가 빈번하다. 출력값만으로 입력값을 과잉 추정하는 행위도 적잖다. 가장 과학적이어야 할 비판의 접근방식이 센세이셔널리즘으로 뒤범벅되는 오류를 범하기도 한다. 결국 이러한 보도의 결과물은 전문 집단의 조롱거리가 되거나 소송으로 이어진다. 역공학의 전제 조건, 알고리즘 구성요소 등에 대한 기자 사회의 이해 부재가 만들어내고 있는 풍경들이다.

현재 국내 언론의 구조상, 소프트웨어 엔지니어가 기자 공채를 거쳐 편집국이나 보도국에 유기적으로 결합하긴 어렵다. 게다가 기자 사회의 전공 동질성과 단단한 부족주의는 엔지니어와의 협업마저 가로막고 있다. 하나의 출입 영역으

---

14 대중을 뜻하는 크라우드와 외부 자원 활용을 의미하는 아웃소싱을 합친 말. 생산과 서비스의 과정에 소비자 혹은 대중을 참여시켜 더 나은 제품 혹은 서비스를 만들고, 그 수익을 참여자와 공유하고자 하는 방법론을 의미한다.

로 자리잡아가고 있는 알고리즘은 뉴스룸의 이 같은 강고한 동질성의 약한 고리를 파고드는 중이다.

언론이 선호하는 포털 알고리즘 소스코드 공개는 웬만한 압력으로는 쟁취하기 어렵다. 혹여 공개된다 하더라도 언론사 내부에서 코드의 버그를 탐지하고, 시뮬레이션 데이터로 예측 오류를 확인할 가능성도 크지 않다. 그런 탐사보도의 경험도 아직은 일천하다. 그럼에도 다수의 언론사들은 알고리즘 감시 조건으로 소스코드 공개에만 집착한다. 비판의 여러 접근 경로가 존재하지만 늘상 가장 어렵고도 손쉬운 방법만 택하고 있는 것이 현실이다.

《대량살상 수학무기》의 저자 캐시 오닐은 알고리즘을 '코드에 내재된 의견'이라 정의했다. 그래서 알고리즘은 중립적일 수 없고 완전무결할 수도 없다. **일상을 지배해가는 알고리즘의 힘이 커질수록 '의견으로서 알고리즘'을 향한 감시의 눈은 더욱 정밀해져야 한다. 이에 비례해 저널리스트들의 감시 역량도 함께 진화해야 한다.** 뉴스룸의 다양성이 근본적 해결책 중의 하나이지만, 그에 앞서 알고리즘 비판의 프레임워크부터 익숙해질 필요가 있다. 기술 비판은 기술에 대한 이해로부터 출발해야 한다.

빅테크는
왜 뉴스레터에
뛰어드나

지난 2021년 1월, 트위터가 레뷰라는 이름의 뉴스레터 플랫폼을 인수했다. 페이스북은 독립 기자들을 위한 뉴스레터 서비스를 내놓겠다고 했다. 국내에선 네이버와 카카오가 조만간 뉴스레터를 포함한 유료 구독 서비스를 선보이겠다고 했다.[15] 이제 구독은 유행어가 됐고, 뉴스레터는 필수재가 됐다.

---

15 그해 6월, 페이스북은 독립 기자들을 위한 뉴스레터 서비스 '불러틴Bulletin'을 내놓았다. 네이버는 그보다 한 달 앞선 5월에 유료 구독 플랫폼 '네이버 프리미엄콘텐츠'를 선보였다.

이들 빅테크들이 눈독을 들이는 첫 번째 파트너들은 대부분 언론사거나 프리랜서 기자들이다. 전문 작가들도 적잖지만, 핵심은 저널리스트들이다. 특히 양질의 콘텐츠를 정기적으로 생산할 수 있는 훈련된 인재로서 전문 저널리스트들은 뉴스레터 구독 경제에서 러브콜을 받는 대상들이다. 분야 전문성을 탄탄하게 다져온 틈새 미디어들도 주목받긴 마찬가지다. 좁고 깊은 콘텐츠에서 발산되는 유익성의 가치는 독자들의 지갑을 열게 하는 트리거 포인트다. 유튜브가 증강된 개인들의 전성시대를 영상 기반으로 열어젖혔다면, 뉴스레터는 재능 있는 저널리스트들과 작가들을 빨아들여 텍스트 중심의 '프리랜서 시대'를 만들어가고 있다.

빅테크의 뉴스레터 가세는 언론사 뉴스룸엔 원심력으로 작용한다. 뉴스룸에서 밖으로 기자들을 빼내어가는 인력 말이다. 플랫폼이 보장해줄 수 있는 일정 수준의 수익 규모, 브랜딩와 강력한 마케팅 효과 등을 고려하면 낮은 급여를 감내하며 위계적 조직 안에서 저널리즘을 수행할 매력은 떨어진다. 혹여나 연 수억 원씩 벌어가는 성공 사례까지 등장하게 된다면 뉴스룸 밖을 곁눈질하는 기자들의 수는 점점 늘어나게 될 것이다. '기레기'라는 모멸적 조롱을 들으며 돌팔매질

당할 이유도 사라진다.

　미국에선 이미 현실이 됐다. 대표적인 유료 뉴스레터 플랫폼인 서브스택에는 더 버지 기자 출신의 케이시 뉴턴, 전 뉴욕매거진 기자였던 앤드류 설리번, 버즈피드 뉴스 출신의 앤헬렌 피터슨에 이르기까지 기자 출신들이 즐비하다. '스노든 폭로' 기사로 퓰리처상을 받은 글렌 그린왈드도 서브스택에 둥지를 튼 지 오래다. 서브스택에서 이들 기자나 작가들에게 구독료를 지불하는 독자는 벌써 50만 명을 훌쩍 넘어섰다.

　뉴스룸을 떠나 독립을 갈망하는 기자들의 행렬은 지금도 계속되고 있다. 연간 수억 원을 벌어들이는 작가들의 사례도 자주 회자된다. 이는 미국 신문사들의 잇단 폐업과 해고 등에 힘입은 바가 컸겠지만, 뉴스레터 구독 서비스의 자유롭고 독립적인 매력이 이를 밀어올린 측면도 있다. 독립 저널리스트로서 지속가능한 저널리즘 활동이 보장될 수 있는 경제적, 기술적 조건이 성숙해 간다면 저널리즘 산업을 둘러싼 풍경이 빠르게 뒤바뀔 수 있을 것이다. 하지만 간과해선 안 되는 질문이 한 가지 있다. 바로 '왜 플랫폼들이 독립 저널리스트 혹은 능력 있는 작가를 지원한다는 명분으로 뉴스레터 플랫폼에 뛰어드는가' 말이다. 광고 수익에 혈안이 돼 각종 허위정보를 방치했던 이들 플랫폼들이 느닷없이 구독 모델을 들먹이며 저널리스트들을 다시 품으려 하는 이유가 무엇인지를 면밀히 관찰할 필요가 있다.

잠시 시계를 2009년으로 돌려보자. 트위터와 페이스북, 구글 웨이브 같은 소셜 네트워크 서비스들이 우리의 일상을 지배하기 시작할 무렵, 월스트리트저널은 '이메일 시대의 종언'을 선언했다. 인터넷이 상업화된 1990년대 중반 이후 커뮤니케이션 수단의 왕좌에 올라있던 이메일이 혁신적인 소셜 네트워크 서비스들로 인해 '낡은 소통 수단'으로 전락하는 순간이었다. 그 뒤로 이메일은 '스팸받이'로 인식되며 역사의 뒤안길로 사라질 위기에 처하기도 했다.

역설적이게도 이메일을 다시 불러낸 건 이들 트위터와 페이스북이었다. 알고리즘이라는 이름으로 우리가 볼 것, 들을 것, 소비할 것 등을 통제하고 왜곡하자 사용자들은 알고리즘의 무풍지대를 찾기 시작했다. 전적으로 사용자들과 직접 만날 수 있는 공간, 알고리즘의 바람이 가장 적은 커뮤니케이션 수단을 찾다 결국 이메일에 안착하게 된 것이다. 뉴스레터의 부흥은 이러한 맥락 안에서 파악할 때 보다 초점이 또렷해진다.

빅테크들의 뉴스레터 진출은 그래서 곱게 보기 어렵다. 그들만의 '갇힌 정원'에서 벗어나려는 힘이 강해지자, 그리하여 포획할 수 있는 데이터의 범위가 제한되자, 재포획을 위한 유인책으로 뉴스레터를 내놓아서다.

여전히 빅테크들은 뉴스레터조차도 그들의 플랫폼 안에서 그들이 짜놓은 포맷대로 제작할 것을 강제한다. 다시금 그들의 애플리케이션 안으로 회귀해줄 것을 요청한다. 이메일을 역사 속에 묻으려 했던 그들이 10여 년 만에 극적으로 살아 돌아온 이메일에 밀리기 시작하자 급히 내놓은 응급처방 같은 것이다.

독립 저널리스트들의 활동 반경이 넓어지는 건 환영받을 일이다. 더 다양한 목소리들이, 깊이와 전문성을 담아 더 명징하게 드러날 수 있는 건강한 기회가 만들어질 수 있어서다. 또한 조직 논리에 갇혀있던 개별 저널리스트들의 다양한 관점과 전문성이 지속가능한 수익 구조 안에서 발현될 수 있는 계기를 얻을 수 있어서다.

이 같은 절호의 기회, 새롭게 맞이할 독립 저널리스트들의 황금시대를 다시금 플랫폼에 넘겨주는 것이 이 생태계의 미래를 위해 바람직한 것인지는 생각해볼 필요가 있다. 진정한 독립은 독자와의 접점을 통제해왔던 알고리즘으로부터의 해방에서부터 시작되는 것일지도 모른다.

3장

저널리즘의
위기와 도전

AI,
Big Tech,
Journalism

그날이
오면

'그날'이 예상보다 빨리 올 듯하다. **조금은 멀게 느껴졌던 그날은 생성형 AI 경쟁 구도와 뉴스에 대한 보상 정책 환경이 급변하며 눈앞에 성큼 다가왔다.** 당장 언론사들이 준비할 수 있는 시간이 얼마나 확보될 수 있을지 염려될 정도다. 그날은 '**검색에서 뉴스가 사라지는 날**'이다. 물론 극단적 수사다. 완전히 자취를 감추는 날이 오진 않을 수 있다. 하지만 명확한 건 그날이 오면 지금보다 현저하게 뉴스 링크가 검색에서 줄어들 것이라는 사실이다.

이러한 전망은 이미 지난해부터 서서히 윤곽을 드러내기 시작했다. 사람들은 네이버가 개발자 행사에서 '검색의 비전'을 발표하자 그 변화를 얼추 짐작했다. 마이크로소프트의 검색엔진인 빙Bing에 챗GPT가 결합됐을 때 변화를 실감했다. 확신을 굳힌 건 구글의 I/O 행사를 통해서였다. 오픈AI와 마이크로소프트의 연합군에 밀리지 않기 위한 고육지책이 쏟아질 건 이미 예상됐지만, 실제 발표된 결과는 그보다 한발 더 나아간 것이었다. 검색 결과로 제시되는 링크에 뉴스가 비집고 들어갈 틈이 뚜렷하게 보이지 않았던 것이다.

구글은 사용자의 검색 요청에 생성형 AI가 답변하는 검색생성경험Search Generative Experience, 이하 SGE을 늘려나갈 것임을 확인했다. 사용자가 검색창에 질의문을 입력하면 구글의 생성형 AI가 3~4문단으로 답변한다. 관련 출처 링크가 우측 상단에 표시되긴 하나 3건에 불과하다. 더 많은 인용 출처 링크를 보려면 버튼을 추가로 클릭해야 한다. 검색 관련 링크마저도 하단으로 밀려난다. 그렇다고 모든 검색어에 검색생성경험이 적용되진 않는다. 구글은 생성형 AI가 제작한 검색답변 콘텐츠가 표준적인 결과보다 더 유용하다고 판단될 때에만 나타난다고 설명했다. 아직은 제한적이라는 얘기다. 하지만 서서히 그 빈도와 규모는 늘어날 수밖에 없을 것으로 보인다.

이미 구글은 2011년 에릭 슈미트 전 최고경영자 시절부터 이러한 형태의 검색을 기정사실화한 바 있다. 그는 당시 한 콘퍼런스에 참석해 "우리가 전략적으로 진행하고 있는 또 다른 것은 링크 기반의 답변에서 알고리즘 기반의 답변으로 전환하려고 한다는 것"이라며 "실제로 정답을 계산할 수 있다. 그리고 이제 충분한 인공지능 기술과 규모를 가지고 있다"고 말한 바 있다. **12년 전 그의 구상은 바로 지금 현실의 모습으로 우리 눈앞에 펼쳐지고 있다.**

검색 결과에 제시된 링크를 거쳐 온라인에서 사용자를 확보하고 수익을 창출했던 언론사들은 조만간 큰 도전에 직면하게 될 것이다. AI가 생성한 정교한 답변은 더 깊은 정보를 갈망하는 사용자들의 호기심을 반감시킨다. 당연히 이는 뉴스 링크로 이동해야 할 동기도 감소시키게 될 것이다.

여기에 그치지 않는다. 구글이 공개한 생성형 AI 애플리케이션 바드Bard에서는 아예 뉴스 링크를 제공하지 않는다. 요약한 뉴스의 출처를 알려달라는 질문에 '죄송하지만 뉴스 링크를 제공할 수 없습니다. 언론사와 저작권법에 따라 뉴스 링크를 제공할 수 없습니다'라는 답변만 내놓을 뿐이다. 구글을 비롯한 빅테크 기업에 대한 전방위적인 뉴스 보상 압박으로 그들은 뉴스 링크를 다수의 자사 서비스에서 배제하는 방향으로 선회했다. 이들을 향한 규제의 강도가 높아질수록 빅테크는 뉴스 링크를 노출하지 않는 선택을 할 가능성이 높아졌다.

사용자 제작 콘텐츠에 대한 선호도 뚜렷해졌다. 구글은 '관점'이라는 탭을 별도로 두고, 이를 검색 이용자들이 쉽게 발견할 수 있도록 변화를 꾀하고 있다. **젊은 검색 사용자들이 '기관이나 대형 브랜드의 의견만 듣고 싶어 하는 것이 아니'라는 이유에서다.** 이를 위해 개인이 특정 주제에 전문성을 지녔는지 여부를 평가할 수 있는 알고리즘도 개발했다. 개인 뉴스레터, 유튜브, 틱톡 등이 검색 노출에 포함될 후보군들이다. 젊은 사용자들의 이탈을 방지하면서도 검색 결과의 품질을 보전할 수 있는 전략이다. 이러한 변화에 네이버도 예외는 아닐 것이다.

이처럼 뉴스는 검색에서 서서히 순위가 밀려나고 있는 형국이다. 생성형 AI가 본격적으로 결합되는 2세대 검색이 보편화할수록 뉴스는 포털 사이트의 검색 기능 내에서 설자리를 잃어갈 수 있다. 그나마 작은 희망이라면, 신뢰도 높은 언론사들의 출처 링크가 제한적으로나마 제안되고 있다는 정도다. **변수는 두 가지다. 생성형 AI를 둘러싼 빅테크 간의 경쟁 정도, 그리고 이들에 대한 글로벌 차원의 규제 수위다.** 경쟁이 격화하고 뉴스에 대한 보상 규제가 강화할수록 빅테크는 뉴스의 검색 내 노출 범위를 낮출 가능성이 높다. 그렇다고 반대의 경우를 기대하기엔 뉴스가 플랫폼에 종속된 세월이 너무나도 길었다. 언론사들이 독자적인 수용자 디지털 접면 확보에 나서지 않으면, 곧 크나큰 위기에 봉착할 수도 있다는 의미이다.

미국의 뉴욕 타임스와 노르웨이의 십스테드Schibsted가 팟캐스트 플랫폼을 인수하고, 자체 모바일 애플리케이션을 출시한 사례는 상징적이다. 외부 플랫폼에 의존하지 않고 글로벌 수용자를 획득할 수 있는 독자적인 경로를 확보하고 있어서다. 블룸버그가 블룸버그GPT라는 자체 거대언어모델로 빅테크 의존도를 낮추려는 시도도 주목할 만하다. 스스로 플랫폼이 되지 않으면 플랫폼에 종속될 수밖에 없는 언론사들의 운명을 도전적으로 변화시키려 하고 있기 때문이다.

어쩌면 그날은 예고도 없이 언론사 앞에 당도할지도 모른다. 미리 대비하지 않으면 너무 쉽게 현재의 자리에서 밀려나거나, 또 다른 예속의 상태로 끌려 들어갈 수 있다. 언론을 둘러싼 기술 환경이 너무나도 빠르게 변화하고 있다.

뉴스 회피와
퍼즐의 성공

약 100년 전인 1924년 11월 17일, 뉴욕 타임스에 '광기의 익숙한 형태'라는 제목의 짤막한 사설 한 편이 실렸다. 제1차 세계 대전을 거치면서 전쟁의 상흔으로 힘들어하던 미국 시민들에게 정신적 위안처가 되어주던 신문의 '크로스워드 퍼즐'을 비판하기 위한 목적이었다. 조롱의 강도는 높았고 열거된 어휘는 거칠었다. "완전히 무의미한 단어 찾기에 지금 동일한 사람들이 동일한 죄악스러운 낭비를 저지르고 있다"고 언급할 정도였다. 뉴욕 타임스는 멈추지 않았다. 이듬해 3월, '유해할 뿐 어떤 교육적 효과도 없다'고 크로스워드 퍼즐을 다시 한 번 깎아내린 것이다. 반황색저널리즘과 금욕주의를 표방해왔던 뉴욕 타임스의 입장에선 어쩌면 당연한 행보였다. 그저 낱말 몇 개 맞추는 것만으로도 심리적 위안을 줄 수 있다는 신기루 같은 명분이 미국의 호황을 위태롭게 하는 것 아닌가 하는 우려를 했을 수도 있었다는 이야기이다. 땀 흘려 노동에 매진해야 할 시점에 크로스워드 퍼즐에 눈에 팔려 게으름을 유혹하는 황색저널리즘의 행태가 내심 마뜩찮았을 수도 있을 것이다. 하지만 뉴욕 타임스의 원초적인 비난과 달리 퍼즐의 교육적 효과는 이미 어느 정도 입증된 상황이었고, 퍼즐의 탑재가 신문의 반복적 소비를 이끄는 데에도 톡톡히 기여하고 있었기에 유행은 좀체 멈춰 설 기미를 보이지 않았다.

뉴욕 타임스가 꼿꼿하던 자존심을 꺾고 크로스워드 퍼즐을 지면에 게시한 것은 이로부터 18년이 지난 1942년 2월이었다. 1941년 일본군의 진주만 포격으로 미국이 제2차 세계대전의 참전을 결정하게 된 시점이었다. 명분은 이전의 황색저널리즘들과도 크게 다르지 않았다. 전쟁이 가져온 미국 시민들의 우울감을 조금이라도 달래보기 위한 차원이었으니 말이다. 뉴욕 타임스는 마가렛 페더브리지 파라를 첫 퍼즐 에디터로 임명하고, 그에게 편집의 전권을 건넸다. 나아가 그에게 '뉴욕 타임스가 하면 퍼즐도 달라야 한다'는 미션을 부여했다. 이 같은 시도는 성공적이었다. 그는 크로스워드를 처음으로 발명한 아더 윈의 비서 경력을 지니고 있었을 뿐 아니라, 그를 능가할 만큼 탁월한 퍼즐 게임 개발 실력을 갖췄다는 평을 들었다. '크로스워드의 천재'라고 불릴 정도로 실력을 인정받은 그는 1969년 뉴욕 타임스에서 퇴사할 때까지 크로스워드의 새로운 황금기를 열었다.

   디지털 시대에 접어들며 크로스워드 퍼즐에 새롭게 가치를 불어넣은 곳도 뉴욕 타임스였다. 뉴욕 타임스는 '게임'이라는 독립적인 디지털 섹션을 만들고 이곳에서 퍼즐을 쉼 없이 변주했다. 고전격인 크로스워드는 물론, 미니Mini, 스펠링 비Spelling Bee, 스도쿠Sudoku, 커넥션Connection까지 제공했다. 심지어 이들은 워들wordle 게임을 인수하며, 제품 규모를 더욱 성장시키기까지 했다. 현재 크로스워드 게임은 유료구독 번들 상품군에 편입되어 뉴욕 타임스의 구독 수익을 가파르게 성장시키는 데 일조하고 있다. 뉴욕 타임스의 최고경영자인 메러디스 코핏 레비엔은 지난 2023년 2분기 실적 발표 당시 "현재 게임에 대한 방대한 사용자층은 게임 구독과 번들 모두에 계속해서 힘을 실어주고 있다"며 구독에 미치는 퍼즐 게임의 긍정적 기여를 높게 평가하기도 했다.

나아가 크로스워드 인기를 나날이 심해지는 '뉴스 회피 문제'와 관련해 풀이해 보면 몇 가지 시사점을 발견할 수 있다. 그중 한 가지는 게임과 같은 엔터테인먼트 콘텐츠가 뉴스와의 거리를 좁히는 데 도움을 준다는 사실이다. 지난 2017년, 일본의 포털 사이트인 야후 재팬은 뉴스와 엔터테인먼트 콘텐츠를 다양하게 섞어서 사용자에게 노출하는 일종의 실험을 실시했다. 야후 재팬은 이 실험을 통해 엔터테인먼트 콘텐츠 선호도가 높은 사용자일수록 뉴스를 통한 학습 효과 또한 높아진다는 사실을 확인했다. 다시 말해, 엔터테인먼트 콘텐츠만 주로 소비하던 사용자에게 뉴스가 우연찮게 노출됨으로써 이를 통한 지식의 '자가 학습 효과'가 높아졌다는 것이다.

소셜 미디어에서도 비슷한 효과를 확인할 수 있었다. 뉴스와 엔터테인먼트 콘텐츠를 혼합해서 제시했을 때 의도하지 않는 뉴스 소비자가 만들어질 수 있다는 연구 결과도 있다. 이처럼 엔터테인먼트 콘텐츠와 뉴스의 균형적인 배분은 뉴스에 관심이 없거나 회피하려는 수용자들이 다시 뉴스를 만나고 소비할 수 있는 기회를 제공하기도 한다.

뿐만 아니라, 엔터테인먼트 콘텐츠는 사용자의 뉴스 사이트 방문 습관을 형성시키고, 이들이 떠나지 않도록 유지시키는 데에도 효과가 높다. 언론사들의 디지털 콘텐츠 솔루션을 개발하는 벨기에의 기술 기업 트와이프Twipe는 최근 보고서를 통해 '퍼즐이 지속적으로 성공하는 이유는 일상적인 뉴스와는 다른 방식으로 독자의 참여를 유도하고, 뉴스를 읽는 휴식 시간에 크로스워드를 기대하는 습관을 형성할 수 있기 때문'이라고 설명한 바 있다. 크로스워드 퍼즐이 지닌 오락적 요소, 긍정의 경험, 생활의 팁 학습 등이 시너지를 불러일으키며 독자들을 묶어두는 역할을 한다는 것이다. 실제로 뉴욕 타임스뿐 아니라 더 월 스트리트 저널, 영국의 텔레그래프 등은 독자들의 방문 습관 형성에 퍼즐이 중요한 역할을 하고 있다고 강조하며, 구독자의 이탈을 완화하고 참여를 확대하기 위해 이를 꾸준히 활용하겠다는 계획을 밝힌 바 있다.

수용자들의 뉴스 회피는 국내 뉴스 산업을 휘감은 지 오래다. 《디지털뉴스리포트 2023》에 따르면, 수용자의 절반 정도가 뉴스를 의도적으로 피하고 있다. 더 큰 문제는 수용자 대부분이 포털 사이트 중심의 뉴스 소비 구조에서 헤어 나오지 못한다는 데 있다. 다시 말해, 뉴스 사이트를 습관적으로 방문하는 사용자의 비중이 지극히 낮다는 이야기이다. 언론사들이 더 높은 품질의 뉴스로 수용자들을 유인해 보지만 효과는 기대에 미치지 못한다. 최근에는 정치적 양극화에 각종 전쟁 보도까지 늘어남으로써 온라인과 오프라인상의 뉴스 지면이 부정적인 헤드라인으로 온통 도배되어 있다. 자신의 정신적 건강을 유지하고, 지인들과 관계를 원만하게 관리하기 위해 뉴스를 회피할 이유가 더 늘어난 것이다.

이러한 가운데 경향신문은 2023년부터 칸업KHANUP이라는 이름으로 뉴스형 퀴즈를 온라인에서 시작했다. 탈 포털 전략 차원에서 구상된 콘텐츠다. 크로스워드 형태를 취하진 않았지만, 다양한 게임화 요소를 도입해 흥미와 경쟁을 동시에 자극하고 있다. 탈포털은 그 특성상 독자 습관의 재형성을 전제로 하기에 단기간에 완결되긴 어렵다. 하지만 국내 언론사가 크로스워드 퍼즐이 역사적으로 증명해 낸 독자들의 습관형성 효과와 긍정적 경험을 다시금 주목했다는 데에 그 의미가 있다.

퍼즐을 혐오했던 뉴욕 타임스가 퍼즐로 구독의 새 전기를 마련한 것처럼 국내 언론사들도 잃어버렸던 엔터테인먼트 DNA를 되살려 뉴스 직접 소비의 황금기를 재구축할 수 있기를 기대해본다.

뉴스의 공정이용과
저널리즘 산업의
위기

첨예해지고 있다. 갈등에 점점 날이 서고 있다. 오픈AI는 공정이용을 강조하며 방어하고 있지만 언론사들은 생존을 걸고 소송전을 시작하려는 움직임이다. 애초 IAC를 위시한 미국 내 대형 언론사 간 연합이 소송의 포문을 열 것으로 예상됐지만, 오히려 뉴욕 타임스가 좀 더 빠르게 나서는 형국이다. 뉴욕 타임스는 오픈AI가 허락을 얻지 않고 자사 기사를 학습한 것과 관련, 2023년 7월경부터 보상 협상을 진행했지만 끝내 합의에 이르지는 못했다. 오히려 결렬이 기폭제가

빠르게 소송 단계로 넘어갈 태세다.[16]

뉴욕 타임스의 최고경영자인 메러디스 코핏 레비엔은 지난해 6월 '이미 사용된 콘텐츠와 앞으로 모델 학습에 계속 사용될 콘텐츠에 대해 공정한 가치 교환이 이루어져야 한다'는 명확한 입장을 밝힌 바 있다. 뉴스 데이터를 학습용도로 사용한 데 따른 보상을 기술 기업들로부터 받아내겠다는 확고한 의지를 드러낸 것이다. 뉴욕 타임스는 이로부터 2개월 뒤, GPTbot을 차단하면서 더 이상의 웹 스크래핑이 불가하도록 조치도 취했다. 오픈AI 쪽이 만족스러운 협상안을 제안하지 않는 이상 법정 다툼이 불가피한 단계로 넘어가는 중이다. 뉴욕 타임스와 오픈AI가 소송전을 벌이게 된다면 이는 기술 기업과 저널리즘 기업의 대리전이 될 가능성이 높다. 최종 판결이 나오기까지 지난한 시간이 흘러가겠지만, 이 과정에서 의미 있는 해석과 대가 산정 방정식이 도출될 가능성도 적지 않다. 핵심 쟁점이 어디냐에 따라 뒤이은 소송전에

---

16 뉴욕 타임스는 오픈AI와 마이크로소프트를 상대로 저작권 침해를 이유로 소송을 제기했다. 당시 뉴욕 타임스는 '자사가 발행한 수백만 건의 기사가 정보의 원천으로 챗봇을 훈련하는 데 쓰였고, 이제는 신뢰할 만한 정보 제공자로서 경쟁하고 있다'고 주장했다.

참여할지 여부를 판단할 수도 있다. 전 세계 언론사들이 두 기업이 어서 법정에 서기를 학수고대하는 이유이기도 하다.

쟁점은 둘로 모아지고 있다. 첫 번째 쟁점은 '**허락 없이 뉴스 데이터를 수집하고 저장한 학습용 데이터세트 구축을 공정 이용으로 볼 것인가 아닌가**'이다. 일반적으로 학습용 데이터세트는 웹상에 공개된 뉴스나 콘텐츠를 스크래핑한 뒤 기계가 학습 가능한 형태로 토큰화한 거대한 데이터 꾸러미를 지칭한다. 예를 들어 뉴욕 타임스의 기사를 스크래핑한 뒤 이를 적절한 단위로 쪼개거나 해체하고, 숫자 형태인 벡터로 변환해 저장한 저장소가 데이터세트다. 미국신문협회 격인 뉴스미디어얼라이언스는 공정 이용에 해당하는 4가지 요소에 데이터세트는 부합하지 않는다는 의견을 낸 바 있다. 반면 오픈AI는 데이터세트가 '비표현적 복제'라고 주장하며 공정 이용의 범주 안에 있다고 반박하고 있다.

두 번째 쟁점은 '**거대언어모델**Large Language Model, 이하 LLM **이 생성한 정보가 뉴스 소비를 대체하고 언론 산업 전반을 위험에 빠뜨리는가**'이다. 현재 글로벌 언론사들은 이 점을 가장 위협적으로 느끼고 있다. 오픈AI의 챗GPT나 구글 바드 등은 사용자가 요청한 뉴스의 세부 내용 등을 요약해 주거나 설명하는 데 꽤나 높은 성능을 발휘하고 있다. 이를 통해 과거나 최근 뉴스를 생성 AI를 통해 소비하는 게 가능해지는 상황이다. 이러한 소비 행태가 보편화하면 굳이 언론사 웹사이트를 방문해 뉴스를 소비할 동기가 사라질 수도 있다. 구글은 생성AI 통합검색 화면에서 언론사 등으로 넘어갈 수 있는 링크를 점차 늘려나가고 있지만, 언론사들의 불안감을 불식시키기엔 여전히 부족해 보인다. 나아가 일각에선 검색을 통해 언론사로 유입되는 트래픽이 상당 부분 감소할 것이라고 예측하고 있다. 뉴욕 타임스의 담당 변호사들은 이를 염두에 둔 듯 '오픈AI가 신문사의 기사를 활용하여 뉴스 사건에 대한 설명을 뱉어내는 것은 공정 이용으로 보호되어서는 안 되며, 신문사의 보도를 대체할 위험이 있다'는 주장을 펼치고 있는 상황이다.

현재 전 세계 저널리즘 산업은 생성형 AI로 인해 몸살을 앓고 있다. 생성형 AI의 혁신성은 인정하면서도, 이로 파생될 산업의 위기를 걱정하고 있는 것이다. 언론사들은 가뜩이나 디지털 광고 수익을 상당 부분 빅테크 기업에 빼앗긴 상황이어서 새로운 수익원이 발굴이 절실한 시점이다. 게다가 AI 기업에 대한 공정 이용이 폭넓게 인정이 되면, 이를 차단하기 위해 어쩔 수 없이 유료 장벽을 올리고 스크래핑 봇을 틀어막는 조치를 취할 수밖에 없다. 더 이상 광고 수익만으로는 고품질의 저널리즘 생산이 불가능해진 상황에서, 구독료를 받고 저작권 라이언스 수익을 얻을 수 있는 조건을 구축해 대응할 수밖에 없는 처지인 것이다. 저널리즘 산업의 지속 가능성과 수익을 보전하기 위한 이러한 선택은 결과적으로 정보 소비의 빈익빈 부익부를 낳을 수밖에 없다. 고품질 정보에 접근할 수 있는 장벽이 점점 더 높아질 수밖에 없다는 이야기이다.

국내 언론 상황도 미국과 별반 다르지 않다. 네이버 클로바X와 생성형 AI 검색 서비스인 큐Cue: 등이 공개되면서 언론사들의 불안감도 서서히 커지고 있다. 아직 기대에 못 미치는 성능과 마주하며 이를 위안거리로 삼는 이들도 있다. 하지만 어떤 방식으로든 수용자들의 뉴스 소비에 영향을 미칠 수밖에 없다는 것이 언론계의 중론이다.

물론 국내 언론사들은 아직 미국 언론사들처럼 소송을 검토하는 단계까지 넘어가고 있지는 않다. 미국과는 다른 뉴스 제공 계약관행이 긴 시간 이어져왔기 때문이다. 그러나 과거에 생산된 뉴스를 생성형 AI의 학습 데이터로 이용한 사실이 그간의 계약에 위반되는가를 놓고 논쟁이 이어지고 있기도 하다. 해외 상황을 예의주시하며 국내 기술 기업들에게 적절한 보상을 요구하려는 물밑 움직임도 계속되는 중이다. 그 갈등이 수면 위로 올라올 가능성이 점차 높아지고 있다.

모든 갈등에는 최상은 아니더라도 최적의 타협안은 있기 마련이다. 수익 없는 저널리즘도 존재할 수 없지만, 고품질 저널리즘 없는 생성형 AI도 존재하기 어렵다. 사용자들이, 시민이 그리고 이 사회가 그것을 필요로 하고 있기 때문이다. 타협 지점은 바로 이 사이 어딘가에 놓여있다. 이를 인정하면 쉬워진다. 어쩌면 법리적 다툼 속에서 새 길이 찾아질지도 모른다. 그것이 서로를 인정하는 방법이라면 거쳐야 할 경로일지도 모른다.

우리나라 저작권법 제1조는 이렇게 말하고 있다. '저작자의 권리와 이에 인접하는 권리를 보호하고 저작물의 공정한 이용을 도모함으로써 문화 및 관련 산업의 향상발전에 이바지함.' 어쩌면 이 한줄 속에 기술 기업과 저널리즘 기업의 최적 타협 지점이 존재할지도 모르는 일이다.

관점 검색과
인지부조화의
해결

인지부조화와 확증편향은 한 쌍이다. 인간은 '자신의 견해와 논리적으로 상충하는 정보를 접할 때 심리적으로 불안정해지는 현상', 즉 인지부조화가 발생하면 이것이 증가하는 방향을 회피하거나 감하려는 선택을 내린다. 확증편향은 그 결과다. 인지부조화가 발생하면 이 부담을 덜어내기 위해 같은 의견과 논리에 기대게 되는데 그것이 확증편향이다. '동종 선호'라고도 부른다. 이 한 쌍의 조합은 디지털 공간에서 강렬하게 융합하며 집단 극화를 일으킨다. 온라인 공간에서 극단적 대립과 혐오, 악마화가 두드러지는 이유다.

여기에는 머신러닝이라는 메커니즘이 한몫을 했다. 사용

자들의 선호를 다양한 값으로 학습한 뒤, 이를 만족시켜주는 콘텐츠나 결과를 우선적으로 제시하기 때문이다. 특히 정치 뉴스에 머신러닝이 깊숙이 개입하게 되면 문제는 더욱 심각해진다. 페이스북과 엑스x는 이러한 폐해를 낳은 대표적인 소셜 미디어들이다. 한때 국내 포털 사이트의 뉴스 추천 알고리즘도 이러한 비판에서 자유롭지 않았다. 물론 지금은 이를 교정하기 위해 상당한 노력을 기울이고 있는 중이지만 말이다.

스마트뉴스라는 뉴스 포털 애플리케이션은 이 문제를 흥미로운 방식으로 해결하고자 했다. 바로 'News From All Sides'라는 기법을 통해서 말이다. 우선 스마트뉴스는 수집한 정치 기사를 정치적 성향에 따라 좌우 점수를 부여하고, 이를 배열 방식에 반영한다. 그리고 화면 아래에 좌우 관점을 선택할 수 있는 슬라이드를 배치하여 사용자들이 이를 스스로 조정할 수 있도록 했다. 사용자들은 이 버튼을 활용해 여러 정치적 관점의 뉴스를 원하는 비중대로 확인해 볼 수 있다. 개별 기사의 정치적 편향 점수를 어떻게 계산하는지는 정확히 공개되어 있지는 않다. 다만, 슬라이드 버튼의 이동에 따라 배열되는 언론사 브랜드가 완전히 달라지는 것만큼은 쉽게 확인할 수 있다. 이를 통해 사용자들은 서로 다른 관점의 정치 기사를 소비할 수 있는 기회를 얻게 되는 것이다.

이 기능이 출시된 2019년 당시 스마트뉴스의 수석부사장은 '우리의 임무는 추천 알고리즘이 사용자의 관심사를 좁히는 대신 관심사를 확장할 수 있다는 생각으로 사람들이 필터 거품에서 벗어나 개인화된 검색을 할 수 있도록 하는 것'이라며 자신들의 개발 취지를 설명했다. 물론 이런 소소한 기능 하나만으로 정치적으로 찢어진 디지털 뉴스 소비를 완전하게 해결하기는 어렵다. 하지만 다양한 정치적 관점을 버튼 하나로 접해 볼 수 있는 '넛지의 기회'를 제공하기에 긍정적인 평가를 내릴 수 있는 것 또한 사실이다.

최근 연구를 보면, 다른 관점의 뉴스나 콘텐츠를 다양성의 관점에서 소셜 미디어에 노출을 시키면 사용자들의 참여도가 증가한다는 사실을 알 수 있다. 사용자들이 이종 관점을 마주하는 데 불편해하지 않는다는 연구도 있다. 반대로 그렇다고 참여도의 증가가 반대 관점에 대한 이해도를 높이거나 호기심을 증가시키는 데까진 이르지 못한다는 평가도 있었다. 다시 말해, 인지부조화가 확증편향으로 연결되는 고리를 차단하기 위해서는 다른 식의 아이디어와 접근법이 필요하다는 이야기이다.

2022년, 사베스키 등이 연구를 통해 제시한 '생각이 반대인 친구의 대화법'은 그 대안으로 불릴 만하다. 이는 감성을 매개로 반대 관점을 노출하는 방식이다. 연구 결과에 따르면 이 대화법을 활용한 경우, 반대 관점에 대한 참여의 질이 적지 않은 수준에서 개선되는 걸 확인할 수 있었다. 연구진은 이 연구를 토대로 빅테크들이 전향적으로 다른 관점의 콘텐츠를 노출하는 것을 검토해야 한다고 제언했다. 온라인 공간에서 관점의 충돌을 대립이 아니라 타협과 이해로 이끌 수 있는 실현가능한 아이디어가 도출된 셈이다.

다양한 관점을 사용자들에게 제공하기 위한 과감한 실험이 구글 검색에서도 시도되고 있다. 서비스명도 퍼스펙티브 Persfectives, 즉 '관점' 검색이다. 지난해 5월에 처음으로 서비스가 소개됐고, 그 다음달인 6월부터 미국 사용자를 중심으로 노출이 시작되었다. 구글의 관점 검색 도입 취지는 스마트뉴스의 그것과는 다르다. 하나의 질문에 다양한 경험을 지닌 전문가들의 조언과 사고를 연결시켜주는 데 목적이 있기 때문이다. 검색 경쟁에서 틱톡의 위상이 높아지자, 다양한 관점을 지닌 사용자 제작 콘텐츠와 인플루언서의 노출을 확

182

대해 구글 검색의 경쟁력을 높이겠다는 전략도 묻어있다. 때문인지 관점 검색의 결과에 뉴스가 포함될 것이라는 언급은 찾아보기 어렵다. 그저 외부 언론을 통해 '뉴스도 여러 관점의 하나로 제공될 수 있다'는 수준의 언급만 이어지고 있는 정도다.

개발 취지와는 별개로, 관점 검색은 정치적으로 극화하고 쪼개지는 온라인상의 여론 분열 문제를 해결할 수 있는 실마리를 제시해 줄 것으로 보인다. 이 검색 기술은 여러 관점의 콘텐츠를 제시하는 데 그치지 않고, 앞서 소개한 연구에서 제안된 것처럼 관점 제시자의 이미지를 도드라지게 노출해 친근함을 표현하는 인터페이스를 택했다. **다른 관점에 대한 사용자들의 부담과 불편을 줄이기 위한 장치다.** 이를 통해 다른 생각에 대한 호기심을 키우고, 참여도를 증가시켜 관용성도 높일 수 있을 것으로 기대된다.

빅테크의 기술에 대한 사회적 책임감과 언론사의 건강한 저널리즘적 가치가 만나면 온라인 공간에서 증폭되는 정치적 극단화 문제를 부분적으로 완화할 수 있는 계기를 만들어 낼 수 있다. 스마트뉴스가 그 가능성을 보여줬다면, 구글의 관점 검색은 효과를 검증해 볼 수 있는 좋은 기회다.

다만, 이러한 문제 해결에 적극적으로 나서지 않고 있는
국내 뉴스 플랫폼 기업들의 행보가 다소 아쉬울 뿐이다.

뉴스의 위기와
비뉴스 버티컬의
부상

'넘사벽' 뉴욕 타임스의 뉴스가 위기에 당면했다. 저널리즘의 품질, 가치와는 무관하다. 그들이 벌어들이는 구독 수익의 하락이 보다 또렷해져서다. 지난해 7월 발표된 뉴욕 타임스의 IR 자료를 보면, 2023년 2분기 뉴욕 타임스의 디지털 뉴스 구독자수는 332만 명으로 이전 분기의 358만 명과 비교하면 20만 명 이상 줄어들었다. 그보다 1년 전인 2022년의 같은 분기와 비교하면 상황은 더 심각해진다. 이때 뉴욕 타임스의 디지털 뉴스 구독자수는 421만 명에 이르렀다. 전체 유료구독자의 약 절반을 담당했을 정도다. 하지만 약 1년 만에 90만 명 정도가 빠져나갔다. 전 세계가 뉴욕 타임스의 저널리즘에 찬사를 보내고 있지만, 정작 유료 구독을 불러일으키는 힘은 약화하고 있는 흐름이다. 당시 뉴욕 타임스의 메러디스 코핏 레비엔 최고경영자는 "이번 분기의 구독자 실적은 플랫폼 유입 트래픽이 감소하고 상당한 관심을 끄는 단발성 기사가 뉴스 사이클을 주도하지 않고 있는 현실" 때문이라고 진단했다. 다시 말해, 뉴욕 타임스 저널리즘이 역량을 발휘할 만한 대형 이슈가 없어 구독자수가 감소했다는 뜻이다.

그렇다고 뉴욕 타임스의 전체 유료 구독자수가 줄어든 건 아니다. 오히려 멈춤 없이 계속 늘어 가고 있다. 이미 900만 명을 넘어 1,000만 명을 내다보고 있다. 디 애슬래틱으로 상징되는 스포츠와 퍼즐 게임 덕분이다. 이들은 뉴욕 타임스 내 대표적인 비뉴스 콘텐츠들이다. 2023년 2분기 기준으로 디 애슬래틱의 유료 구독자는 364만 명을 기록했다. 디지털 뉴스 구독자를 역전한 셈이다. 디 애슬래틱의 구독자수를 재무자료에 처음 반영했던 2022년 1분기만 하더라도 구독자수는 121만명에 그쳤다. 적자에 허덕이는 인수 자산이라는 불명예도 얻었다. 하지만 불과 1년 만에 유료 구독자수가 무려 3배 성장했다.

게임 분야의 성과도 상당한 편이다. 디지털 싱글 상품이라는 항목에 포함된 게임 유료구독자는 2023년 2분기 258만 명에 달했다. 이전 분기와 비교해 16만 명이 늘어난 수치였다. 최근 뉴욕 타임스는 게임 부문에 대한 투자를 강화하면서 커넥션이라는 게임과 타일, 레터박스 등을 추가하기도 했는데, 이들 게임 조합에 상당한 기대를 걸고 있는 눈치다. 미국의 정치, 문화 미디어인 살롱닷컴도 버티컬 미디어에서 좋은 성과를 내고 있는 사례다. 지난 2020년 5월, 살롱닷컴은 음식 섹션을 개설하면서 비뉴스 콘텐츠 공략을 본격화했다. 시밀러웹 등의 자료를 보면, 이 음식 섹션의 트래픽은 2020년 대비 5배 이상 성장하며 살롱닷컴의 핵심적인 새로운 사용자 유입 창구로 자리 잡았다.

　사실 뉴욕 타임스나 살롱닷컴만 유별난 행보를 보이고 있는 것은 아니다. 전 세계 대형 뉴스 미디어 다수가 이 흐름에 올라타고 있다. USA 투데이를 발행하는 가넷은 USA 투데이 스포츠 플러스와 십자말풀이 상품을 출시했고, 프랑스 일간지 르 피가로는 2022년 5월 요리 애플리케이션인 르 피가로 퀴진을 출시했다. CNN도 헬스와 여행 버티컬 미디어를 추가하고, 이에 대한 투자를 강화하는 중이다.

버티컬 미디어에 대한 전통 언론사들의 지속적인 관심과 투자는 '뉴스 피로' 및 '뉴스 회피' 현상에 따른 대응책이다. 뉴욕 타임스 스스로가 진단했듯, 정치 등 경성 뉴스의 황금 시기는 유료 구독자를 증가시키는 동력이 됐다. 특히 대선 등 대형 이벤트를 거칠 때마다 유료 구독자수가 크게 증가하는 효과를 확인했다. **하지만 그 뒤로 수용자들은 '뉴스 피로'를 호소하게 됐고, 이런 경향은 최근 들어 '뉴스 회피'로까지 이어지고 있다.** 특히 팬데믹 종료 선언 이후 이러한 경향성은 더욱 두드러지고 있는 상황이다.

심지어 뉴스 회피의 방식도 변화하고 있다. 로이터 저널리즘 연구소의 《디지털 리포트 2023》에 따르면, 사람들은 이제 뉴스를 단순히 피하는 데에서 그치지 않고, 특정 시간대에만 뉴스를 소비하거나 일부 뉴스 주제만 회피하는 방법을 택하기 시작했다. 이를테면 미국인들은 정치 뉴스와 사회정의 뉴스를, 핀란드인들은 우크라이나 전쟁 뉴스를 가장 많이 회피하는 것으로 확인됐다. 사실 이러한 움직임은 이전부터 감지되고 있었다. 디지데이의 보도를 살펴보면, 트럼프 전 미국 대통령이 물러난 뒤부터 미국 주요 언론사들의 유료 구독 전환율은 낮아졌고, 트래픽도 크게 감소했다. 반대로 라이프스타일 콘텐츠에는 더 많은 독자들이 몰려들었다. 뉴스 피로와 회피가 새로운 뉴스 소비 조류를 일으킨 것이다.

뉴스 피로와 회피에 대한 마땅한 대안이 도출되지 못하던 시기, 와이어커터, 쿠킹, 게임, 디 애슬래틱 같은 뉴욕 타임스의 버티컬 미디어들이 승승장구하는 현상을 전 세계 언론사들이 관찰했다. 음식, 요리, 퍼즐 같은 라이프스타일 콘텐츠에 전 세계 많은 언론사들이 투자를 단행했던 배경도 이와 관련이 깊다. 만약 비뉴스 콘텐츠에 대한 투자가 선행되지 않았다면, 뉴욕 타임스를 비롯한 전 세계 유력 언론사들은 중대한 재무적 위험에 봉착할 수도 있었다.

이러한 현상을 저널리즘의 관점에서 굳이 삐딱하게 바라볼 필요는 없다. 서비스 저널리즘이 뉴스 회피 경향과 맞물려 다시금 주목을 받는 것으로 해석할 수도 있기 때문이다. 독자들에게 실용적이고 건강한 조언을 제공하는 유형을 뜻하는 서비스 저널리즘은 신문과 잡지의 오래된 역할 모델이었지만 그동안 이렇다 할 조명을 받지는 못했다. 공적 사안에 대한 비판과 감시를 저널리즘의 원형처럼 여겨온 관행 탓이다. 하지만 정치적 양극화가 심화하면서 경성 뉴스에 대한 회피 현상이 두드러지기 시작했고, 이를 넘어서기 위한 방편으로 서비스 저널리즘이 새로운 모멘텀을 맞이하고 있다. 최근 들어 뉴욕 타임스가 '더 많은 사람들이 자신의 삶과 열정을 최대한 잘 활용할 수 있도록 지원한다'는 자신들의 목표를 강조하기 시작한 것도 이와 무관치 않은 흐름이다.

'**저널리즘이 세상에 더 잘 대처할 수 있도록 사람들을 정보로 무장시키는 것이라면, 서비스 저널리즘은 한 번에 한 가지 방법씩, 정확히 그 역할을 수행하는 것**'이라는 말처럼, 비뉴스 콘텐츠로 상징되는 서비스 저널리즘의 재부상을 저널리즘의 영역 확장이라는 긍정적인 관점으로 바라볼 필요도 있을 것이다.

NYT의 롤모델
버즈피드 뉴스의
폐업이 남긴 교훈

지난 2014년에 유출된 뉴욕 타임스의 '혁신 보고서'에는 버즈피드가 이렇게 평가되어 있다.

> 허핑턴 포스트와 버즈피드 같은 회사들은 검색과 소셜의 모범사례를 찾아 자신들의 작업 흐름에 적용함으로써 트래픽에서 뉴욕 타임스를 앞지르는 데 채 몇 해 걸리지 않았다. 예를 들어, 허핑턴 포스트는 사진과 검색용 헤드라인, 트윗, 페이스북 포스트가 없는 기사는 웹사이트에 게재하지 않는다.

당시 이 보고서는 부러움의 눈으로 버즈피드를 수차례 언급했다. 심지어는 버즈피드를 '롤모델'로 받들며 상찬도 아끼지 않았다. 뉴욕 타임스 DNA를 버즈피드처럼 교체하는 것이 보고서의 목표인 것처럼 이해되기까지 했다. 하지만 그 화려한 영광의 시대는 10여 년을 버티지 못하고 끝내 저물었다. 2023년 4월, 버즈피드가 '버즈피드 뉴스'를 폐쇄한 것이다.

버즈피드 뉴스의 모태는 2011년에 출범한 뉴스 본부다. 폴리티코에서 기자로 근무 중이던 벤 스미스를 편집국장에 앉히며 새로운 역사를 써내려갔다. 전통적인 뉴스의 형식, 글쓰기 문법, 배포 방식과 결별을 선언하며 '소셜 웹을 위한 뉴스'라는 새로운 장르를 개척했다. 당시 빠르게 성장 중이던 페이스북, 트위터, 스텀블업온 같은 소셜 미디어의 등에 올라타 신인류로 일컬어지던 밀레니얼 세대를 곧장 겨냥했다. 당시 벤 스미스는 취임 일성으로 '저널리즘과 보도에서 소셜 웹보다 더 흥미로운 건 없다'라며 소셜 기반 뉴스 모델을 도전적으로 개발하고 밀어붙였다.

시대의 변화를 감각적으로 읽어냈던 벤 스미스의 직관은

'트래픽'이라는 성과로 입증됐다. 퀴즈, 리스티클[17] 같은 소셜 미디어에 최적화한 뉴스 포맷을 버즈피드 뉴스에 올려놓으면서 뉴욕 타임스를 능가하는 방문자수를 끌어들이는 데 성공했다. 뉴스는 진지해야 한다는 전통적인 저널리즘의 고정관념을 깨부수면서도 그것의 가치를 지키려는 데 인색하지 않았다. 진지함과 재미의 균형, 그 속에서 버즈피드 뉴스는 광고 수익을 극대화하는데 전력을 기울였다. 다양한 뉴스 포맷을 반복적으로 제작할 수 있는 탁월한 콘텐츠관리도구 CMS, 독자 소비 최적화를 위한 정교한 데이터 분석 전략 등 버즈피드 뉴스는 그들만의 특산품을 선보이며 전 세계 디지털 미디어 시장에 혁신과 희망의 씨앗을 뿌렸다.

버즈피드 창업자인 조나 페레티도 거들었다. 그는 2015년 버즈피드 뉴스 부문이 매출 부진의 한 가운데를 통과하는 순간에도 '뉴스는 위대한 미디어 기업의 심장이자 영혼'이라는 말로 애착을 드러냈다. 뉴스 부문을 별도로 떼어내 독립적인 모바일앱을 출범시키는 모험을 강행한 시점도 이때였다.

---

17 목록화List와 기사Article를 합친 신조어. SNS의 성장과 함께 각광받기 시작했으며, 주로 '00 해야 하는 n가지 방법'의 형식을 취하고 있다.

조직 밖을 향해 "엔터테인먼트 콘텐츠나 비즈니스 부문에서 일하는 팀원들조차도 중요하고 큰 뉴스를 보도하는 회사에서 일한다는 사실에 자부심을 느낀다"고 말하며 이에 대한 자부심을 드러내기도 했다.

그리고 2017년, 버즈피드 뉴스의 탐사 보도 '러시아 암살의 증거'가 퓰리처상 국제 보도 부문 최종 후보에 오르는 기염을 토해냈다. 한발 더 나아가 퓰리처상을 수상하는 데에도 몇 년 걸리지 않았다. 지난 2021년, 버즈피드 뉴스는 마침내 중국의 인권탄압 탐사보도로 퓰리처상을 거머쥐었다. 'FinCEN 파일' 탐사 보도가 국제보도 부문 후보작에 오르는 겹경사도 있었다. 재미와 진지함의 균형, 소셜 기반의 가벼운 뉴스와 탐사 보도의 기묘한 조화. 이 속에서 이뤄낸 성과였다. 저널리즘에 대한 조나 페레티 창업자와 벤 스미스의 강력한 신뢰와 믿음, 그리고 투자가 없었다면 이와 같은 세계 최고 수준의 디지털 저널리즘 모범사례를 만들어낼 수는 없었을 것이다.

그러나 버즈피드 뉴스의 수익성 저하를 더 이상은 모회사도 버텨내지 못했다. 상장 이후 투자자들은 '돈도 못 버는' 버즈피드 뉴스를 정리할 것을 요구했다. 이미 몇 차례의 해고를 통해 적자 수준을 방어하려 했지만 투자자들의 등살을 이겨낼 수는 없었다. 끊임없이 추락하는 주가, 그리고 그 원흉으로 지목된 뉴스 부문. 결국 버즈피드는 허프포스트만 남기고 뉴스 산업에서 사실상 철수를 결정했다. 퓰리처상을 수상한 지 고작 3년 만에 일어난 일이다. 조나 페레티는 "수익성에 대한 높은 규준을 강제하지 못한 것을 후회한다"고 말했다. 한때 좋은 저널리즘이 위대한 미디어 기업의 심장이라고 말했던 그였기에, 그 울림은 더 강력할 수밖에 없었다.

소셜 미디어와 뉴스의 결혼은 버즈피드 뉴스의 종료로 막을 내렸다. 페이스북은 뉴스를 버렸고, 트위터는 건강한 저널리즘을 유통하는 공간으로서의 가치를 잃어버렸다. 유튜브와 틱톡에서 저널리즘이 설 공간은 점점 좁아지고 있다. 당대 유행하는 디지털 기술에 편승한 새로운 뉴스 모델은 그 인기가 식을 무렵 그들과 함께 사라질 운명이라는 명제를 새삼 상기시키고 있다.

버즈피드 뉴스의 폐쇄는 디지털 공간에서 저널리즘이 얼마나 생존하기 어려운가를 단적으로 보여준다. 수익 없는 저널리즘이 존속 가능한지에 대한 근본적인 질문도 던지고 있다. 퓰리처상은 한때의 영광일 뿐, 지속가능성과는 별반 관계없다는 사실도 깨닫게 했다. 누군가의 진단대로 버즈피드 뉴스는 냉혹한 뉴스 생태계의 희생양일 수도 있다. 건강한 수익의 토대 없는 저널리즘은 지속가능하지 않다는 뻔한 공식을 스스로의 희생을 통해 다시 증명했기에 그렇다.

국내에도 새로운 저널리즘의 실험과 도전이 이어지고 있다. 뉴스 스타트업들도 늘어나고 있다. 버즈피드 뉴스의 폐쇄는 그들에게도 충격일 것이다. 위축효과도 불러올 것이다. 악시오스의 공동창업자 짐 밴더하이의 조언은 이럴 때 되새겨 볼 만하다. **"즉시 수익을 창출하는 방법에 대한 확고하고 현실적인 계획이 없으면, 실패하게 될 것이라는 점을 인식하라."**

뉴스 형식의 파괴와 저널리즘의 신뢰 회복

저널리즘이 직면한 '신뢰 문제'를 해결하는 방법은 여럿 존재한다. 팩트체크는 기본이고, 솔루션 저널리즘의 도입, 저널리즘 관행의 수정, 저널리즘 우선순위의 재정렬까지 다양한 접근법이 제시되고 있다. 하지만 어느 것 하나만으로 완벽하게 신뢰 문제를 해결하기는 어렵다는 것이 중론이다. 단기간에 풀어낼 수 있는 획기적인 방안도 드물다는 것도 일반적 평가다.

저널리즘의 신뢰 회복을 언급할 때 소홀하게 다뤄진 분야도 있다. 바로 뉴스의 형식 변화다. 특히 텍스트 기반 뉴스의 구조와 포맷 혁신은 신뢰 문제와 연결되어 사고가 이루어진

적은 그리 많지 않았다. 객관성과 효율성을 높이는 데 역사적으로 탁월한 성능을 입증했던 역피라미드 구조는 논외의 대상이었다. 뉴스의 형식이 저널리즘 신뢰 회복에 기여할 것이라는 상상은 깊게 탐구되지도 고려되지도 않은 의제이자 명제였다.

뉴스 스타트업 세마포의 도전은 이러한 맥락에서 신선하게 다가온다. 뉴욕 타임스의 칼럼니스트 출신인 벤 스미스와 블룸버그 최고경영자 출신인 저스틴 스미스, 그리고 블룸버그 편집인을 역임한 지나 추아가 합심해 2022년 10월 창간한 세마포는 '더 정직하게'라는 모토에 걸맞은 새로운 뉴스 형식을 세상에 내놓았다. 이른바 '세마폼Semaform'이다. 이 뉴스 형식을 설계한 지나 추아는 세마폼의 의미를 이렇게 설명했다. "이 뉴스 형식은 논쟁의 여지가 없는 사실을, 그 팩트에 대한 기자의 분석과 분리하고, 보다 다양하고 글로벌한 관점을 제공하며, 다른 언론사의 그 주제에 대한 고품질 저널리즘을 공유합니다."

세마포의 창업자들은 기존 뉴스 형식을 해체한 뒤 5개의 섹터로 재구성해 구조화 했다. 뉴스, 기자의 관점, 반론의 여지, 또 다른 관점들, 주목할 만한 보도들을 하나의 뉴스 페이지 안에서 구분 짓는다. 사실과 의견의 뒤섞임, 반론과 또 다른 관점들의 뒤엉킴을 디지털의 기술적 속성을 활용해 무 자르듯 구획한다. 투명성의 가치가 형식의 가치로 전환된 뉴스의 새로운 꼴인 셈이다.

세마폼이라는 뉴스 형식이 해결하고자 하는 문제는 명확하다. 사실과 분석을 구별하는데 어려움을 겪는 독자들의 고충이다. 단일 관점만을 제시하려는 저널리즘의 관성이다. 개별 뉴스 페이지 소비가 유발한 섣부른 편향과 오해다. 이러한 문제들을 세마포는 뉴스 형식의 혁신적 재구성을 통해서 풀어가고자 했다. 이것이 곧 저널리즘이 신뢰로 나아가는 새로운 경로라고 봤다. 악시오스가 '영리한 간결성'이라는 뉴스 구조로 디지털 뉴스 읽기의 효율화를 시도했다면, 세마포는 저널리즘의 신뢰 회복과 뉴스 소비라는 두 마리 토끼를 동시에 잡으려는 당찬 야심을 드러낸 것이다.

올해 초 창간된 뉴스 스타트업 그리드 뉴스의 '360도 렌즈' 포맷도 주목할 만한 시도다. 그리드는 하나의 사안을 전문성을 갖춘 기자들이 여러 각도에서 조망하는 뉴스 포맷을 선보인 바 있다. 예를 들어, '전기차 수용 급증' 기사를 글로벌 공급 렌즈와 중국의 렌즈, 미국 정책의 렌즈, 기술의 렌즈로 4분할해 하나의 기사에 담아낸다. 단일 관점만으로는 놓칠 수 있는 다각적인 분석을 360도 렌즈라는 이름 아래 서로 다른 전문 기자들이 협업하여 기사를 작성하는 방식이다. 저널리즘의 신뢰 문제를 형식 혁신의 접근법으로 풀어보고자 하는 맥락에서 세마포와 크게 다르지 않다.

사실 텍스트 뉴스의 형식과 수용자 이해 간의 관계는 여러 학자들에 의해 심층적으로 연구되어 온 주제 중 하나다. 특히 디지털 시대로 넘어오면서 디지털 뉴스 포맷의 효과에 대한 연구가 꾸준하게 이어져 오기도 했다. 일례로, 쿨카니 등이 수행한 연구를 보면, 동일한 뉴스가 디지털 지면에서 어떤 형식을 띠느냐에 따라 수용자들의 이해도와 감성적 수용도에서 차이를 보인다는 사실이 실증되기도 했다. 이해도를 높이는 포맷과 관여도를 제고하는 형식이 디지털에서는 판이하다는 점도 입증해 냈다. 그만큼 뉴스 포맷의 혁신이 뉴스 소비와 이해에 미치는 영향이 적지 않다는 것이다.

최근 영미권에서 등장하는 다수의 뉴스 스타트업들은 텍스트 기반 뉴스 구조의 파괴를 혁신의 무기로 내세우는 경우가 빈번하다. 앞서 언급한 사례들이 대표적이다. 악시오스로부터 시작된 이러한 혁신 문화는 디지털에 최적화한 뉴스의 새로운 문법을 탐색하려는 시도다. 신문-전신의 시대에 최적화한 오래된 역피라미드 뉴스 구조는 디지털-모바일의 시대엔 어울리지 않는다는 각성에서 비롯된 것이기도 하다. 한때 뉴욕 타임스가 개발한 '스노우폴Snow Fall' 구조가 디지털 스토리텔링의 새로운 형식이 될 것이라는 전망이 우세했지만 기대만큼 확산되지는 못했다. 중소 규모 언론사들이 모방하기 어려운 높은 생산 비용이 발목을 잡아서다.

저널리즘 신뢰 회복의 실마리는 오로지 저널리즘의 원칙 지키기에서만 발견되는 것은 아니다. 100년을 넘어온 뉴스 형식의 전복과 파괴, 그 안에서도 새로운 가능성의 싹을 찾아낼 수도 있다. 그 가능성을 애초부터 봉쇄하고 있는 국내 언론사의 편집국 문화는 이 같은 맥락에서 다시금 성찰해 볼 필요가 있다. 국내 저널리즘이 당면한 여러 문제의 우회적 해결방식으로 낡은 뉴스 구조의 혁신, 그 도전에 나서보는 것도 우리 앞에 놓인 가치 있는 선택지 중의 하나일 것이다.

난해한 MZ와
마케터 출신
CEO

뉴스를 소비하는 게 즐겁지 않지만 뉴스를 본다. 언론을 신뢰하지 않지만 뉴스에 돈은 지불한다. 소셜 미디어를 통해 뉴스를 접하지만 전통 미디어도 소비한다. 이런 모순적인 조합이 통계로 다시금 확인됐다.

지난 2022년 미국 미디어 인사이트 프로젝트와 미국언론연구소의 협업으로 진행된 연구에서 MZ 세대의 뉴스 소비는 이처럼 모순적이고 양가적인 방식으로 이뤄지고 있다는 사실이 확인됐다. '가장 이해하기 어려운 수용자 집단이 MZ 세대'라는 인식이 허풍은 아닌 셈이다. 어디에 방점을 두고 그들을 만족시켜야 할지 현장 언론인들이 혼란스러워할 만도 하다.

연구결과를 조금 더 가까이 들여다보자. 미국 MZ 세대의 32%만 '뉴스를 보는 것이 즐겁거나 재미있다'고 응답했다. 7년 전 이 수치는 53%를 가리키고 있었다. 무려 21%나 낮아졌다. 또한 '뉴스 보도를 주제로 친구들과 이야기를 나눈다'고 답변한 비율도 7년 전에 비해 16% 하락했다. 뉴스를 보는 게 즐겁지 않고 친구들과 뉴스를 매개로 이야기를 하지 않는다는 비중이 적잖이 늘어난 것이다. 뉴스 회피의 경향이 일반화하고 있다는 징표이기도 하다.

하지만 누구보다 뉴스에 지불의사가 높은 집단도 이들 MZ 세대였다. 특히 Z세대에 비해 밀레니얼 세대가 신문이나 잡지, 뉴스앱에 돈을 낸 적이 있다는 비율이 2배 이상 높았고, 심지어 2015년에 비해 증가하기까지 했다. 이들 세대는 뉴스를 기피하는 비율이 높지만, 기꺼이 지갑을 열 가능성도 높다고 해석해 볼 수 있을 것이다.

국내로 눈을 돌려보자. 미국 MZ 세대와 국내 MZ 세대 수용자의 차이는 생각보다 크지 않다. 먼저 뉴스에 대한 지불 의향이 가장 높은 집단이 MZ 세대다. 뉴스 유료 이용 비율도 20대가 가장 높았다. 비록 절대 수치가 미국 MZ 세대 수용자들에 비해 현격히 낮은 편이지만, 소비의 경향성 측면에서 그리 다르지 않았다.

뉴스 열독률 측면에선 50~60대를 훨씬 앞선 경우도 많았다. 한국언론진흥재단의 《2021 언론수용자조사》를 보면, 신문 기사 결합 열독률에서 20대가 60대 이상보다 21%나 높게 나타났다. 뉴스를 기피하는 듯하면서도 뉴스를 열심히 탐독하고, 게다가 뉴스에 돈을 지불할 의향이 높은 집단이 바로 MZ 세대라 할 수 있는 것이다.

언론인들의 고민도 여기에 있다. 어떤 세대보다 종잡기 어려우면서도 뉴스 소비만큼은 적극적인 이들을 무엇으로 공략해야 하는지 도통 감을 잡지 못한다. 바로 여기에 마케팅과 저널리즘의 차이가 드러난다. 마케팅은 저널리즘의 기법을 배우는데 열성적이다. 광고를 광고처럼 보이지 않게 하는 대부분의 접근법은 저널리즘에서 학습했다. 20세기 최고의 마케팅 전문가 데이비드 오길비는 "광고를 뉴스 편집 페이지처럼 만들면 독자를 50% 이상 더 데려올 수 있다"고까지 했다. 이처럼 저널리즘이 마케팅의 교범으로 받아들여지는 경우는 점차 흔해지고 있다.

기실 마케팅은 심리와 창의성의 예술이다. 제품 판매를 촉진하기 위해 소비자들의 마음을 살피고, 그들의 기억회로를 탐색하며, 가장 인상적인 메시지를 남기기 위해 모든 아이디어를 동원한다. 표적 집단 연구와 리서치는 창의적인 예술가로서 마케터들의 가장 기본적인 작업이다. 퍼널 전략, 사용자 리서치 프레임워크, 사용자 경험 설계UX Design 등은 모두 마케팅 연구의 부산물이다.

반면, 저널리즘은 마케팅에서 무언가를 얻고 취하는데 인색해지고 있다. 한때 둘의 경계가 너무 희미해지고 있다는 우려가 커지기도 했지만, 지금은 저널리즘의 경계심이 오히려 더 큰 형국이다. 특히 국내에선 저널리즘이 마케팅 기법을 흡수하는데 거부감을 보이기까지 한다. 그 결과가 MZ 세대에 대한 두려움, 관계 맺기의 실패로 나타나고 있다.

하나의 기사 제목을 뽑아내기 위해 함축과 절제, 도발과 품위의 경계를 오가던 저널리즘의 창의적 예술 행위는 선정성 앞에 서서히 무릎을 꿇고 있다. 광고 마케팅이 배우고자 했던 저널리즘적 편집 예술은 적어도 국내에선 모범 사례의 위상을 잃어가는 중이다.

지난 2022년, 영국 가디언의 최고경영자가 여성으로 교체됐다. 뉴욕 타임스의 최고경영자 또한 여성이다. 둘의 공통

점이 또 하나 있다. 저널리즘 경력이 전무한 마케터 출신이라는 점이다. 가디언의 안나 베이트슨은 유튜브의 마케팅 전무를 역임했고 그 전에는 MTV와 ITV에서 마케팅 업무를 담당했다. 뉴욕 타임스의 메러디스 코핏 레비엔도 광고와 마케팅 담당이었다. 가디언 미디어 그룹 이사회는 안나 베이트슨을 신임 CEO로 지명하면서 이렇게 언급했다.

"가디언과 디지털 미디어, 마케팅에 대한 깊은 이해와 경험은 그의 리더십 경험과 접목돼 우리를 미래로 인도할 것입니다."

미디어 환경이 격변하는 지금, 세계 최고 수준의 저널리즘을 자랑하는 가디언과 뉴욕 타임스가 마케터를 CEO로 세운 사실은 여러모로 시사하는 바가 크다. 새로운 저널리즘 소비 집단으로 급부상하고 있는 '난해하고 모순적인' MZ 세대를 핵심 독자군으로 끌어안기 위한 자구책이자 포석이라 볼 수 있다. 두 언론사 모두 독자 기반 수익모델을 핵심 전략으로 삼고 있다는 점도 영향을 미쳤을 것이다.

마케터 출신의 두 CEO는 MZ 세대를 난해함과 두려움의 대상이라기보단 공략 가능한 심리를 지닌 일관된 뉴스 소비자로 바라볼 것이다. 저널리즘의 전통을 지키면서도 MZ 세대의 지갑을 열게 하는 창의적 마케팅 기법들이 이 두 언론사를 중심으로 꾸준히 소개될 것임을 쉽게 예상해 볼 수 있다. 최고마케팅책임자CMO라는 직책조차 없는 경우가 대부분인 국내 언론사들은 MZ 세대를 여전히 편견 가득한 시선으로 바라보고 있지만 말이다.

팩트의 빈곤과
픽션의 풍요,
비판적 무시

노벨 경제학상 수상자 허버트 사이먼이 1969년 정보의 과잉 상태가 펼쳐놓을 '주목의 희소성' 시대를 예견했을 때만 하더라도, 그것의 현실태가 지금과 같으리라곤 상상하기 어려웠다. 주목의 배분 문제가 전 세계를 이토록 강렬하게 지배하게 될 것인지를 가늠하는 것 또한 쉽지 않았다. 그것이 소셜 미디어와 '팩트의 빈곤' 상태로 연결될 것이라곤 짐작하기조차 불가했다.

팩트의 빈곤과 픽션의 풍요. 노스웨스턴 대학교 파블로 보츠코브스키는 지금의 미디어 생태계를 이렇게 정의한 바 있다. 팩트에 소비하는 시간이 150초라면, 넷플릭스라는 픽션 플랫폼에 쏟아 붓는 주목 시간은 150분에 이른다는 통계에 기초하고 있다. 정보 소비자들이 팩트보다는 픽션에 더 많은 주목을 할당하고, 이 과정에서 더 많은 허위와 허구에 미혹되는, 그런 풍경이 정보의 풍요가 바꿔놓은 미디어 소비의 새로운 질서다. 보츠코브스키 교수는 뉴스 산업이 이러한 흐름을 인정할 것을 주문했다. 뉴스가 중요하지 않다는 것이 아니라, 주목이라는 자원 배분 경쟁에서 뉴스는 평가절하 되고 픽션은 평가절상 될 수밖에 없다는 것이다. 주목의 배분 관점에서 당분간 넷플릭스를 뉴스 미디어가 이길 수 없는 것처럼, 팩트의 빈곤 상태를 받아들이고 적용하는 한에서만 대안을 구상할 수 있다는 의미다.

비판적 무시Critical Ignoring는 팩트가 재평가 받을 수 있는 괜찮은 대안운동이다. 비판적 사고의 보완적 개념으로 탄생한 비판적 무시는 '주목 배분'의 효율성을 높이자는 취지로 소개됐다. 어차피 픽션과의 주목 경쟁에서 이기기 어렵다면, 팩트 아닌 허위정보에 소비되는 시간을 획기적으로 감소시켜 팩트에 대한 상대적 주목 시간을 늘려보겠다는 기획이기도 하다.

비판적 무시를 위한 첫 번째 행동 지침은 **브라우저의 새창을**

209

여는 작업이다. 정보적 위해 사이트 안에 머물며 검증의 시간을 허비하는 대신, 새창 열기를 통해 더 넓은 오픈웹에서 신뢰 정보에 더 많은 주목을 할당할 것을 제안한다. 사실 웹이라는 공간은 이미 위험한 정보들도 가득 채워지고 있다. 저마다 주목을 얻기 위한 교묘한 유인 기법들을 웹사이트 안에 심어 넣고 있다. 그럴 듯한 정보 소스를 링크로 연결시키고, 허황된 논리로 무장한 리포트들을 곳곳에 배치해 신뢰할 수 있는 공간인 것처럼 꾸미고 있다.

전형적인 팩트체킹 기법인 'About Us' 페이지와 출처 투명성 분석을 거친다고 하더라도 그들의 기만성을 간파하기란 쉽지 않다. 오히려 비판적 사고가 이들 위험한 사이트에 더 많은 주목을 할당하는 역설적인 상황을 낳고 있다. 팩트가 배분 받아야할 인지 에너지를 허위정보 관찰과 분석에 빼앗기는 형국이다.

비판적 무시 개념을 설파하고 있는 미국 스탠퍼드 대학교 샘 와인버그 교수는 자신의 최근 연구 사례를 들어 이 개념의 효과를 강조한다. 그의 연구팀은 3,446명의 고등학생들을 대상으로 기후과학과 관련해 팩트를 보고하고 있다고 주장하는 특정 사이트가 믿을 만한 출처를 바탕으로 하는지 여부를 판정해볼 것을 제안한 적이 있다. 그러자 약 96%가 학교에서 배웠던 대로 해당 사이트에 오래 머물며 분석하는 작업에 집중했다. 단 2%만이 새창을 열어 해당 사이트가 특정 기업의 후원을 받은 사이트임을 검증해냈다. 하지만 비판적 무시 전략을 학습한 다른 집단에서는 이러한 비율이 어떤 수치로 얼마나 역전되었는지를 발견하기도 했다.

오늘날에는 비판적 사고에 익숙한 인터넷 사용자들조차도 너무 많은 주목 시간을 허위와 기만을 목적으로 하는 사이트에 빼앗기고 있다. 이로 인해 팩트로 돌아가야 할 인지 에너지는 상대적으로 줄어들고 있다. 몇 년 전 일어난 '한강 대학생 사망 사건' 관련 뉴스 소비도 유사한 유형으로 일어났다. 검증되지도 않은 타살 주장을 외치는 무속인들이 유튜브에서 활개를 쳤다. 주목의 희소성을 간파하고 이를 가로채기 위한 그들의 자극적인 행태는 도를 넘어서는 수준이었다. 빈약한 논거를 바탕으로 온갖 추정이 덧쌓이면서 논리적 반박조차 쉽지 않아졌다. 찰스 포트의 상품처럼 그들의 음모론을 조목조목 반박하자면 상당한 인지나 연구 자원을 투자해야만 할 판이다.

이런 채널의 허위 여부를 파악하기 위해 해당 채널에 오래

머무는 것은 결과적으로 주목의 비효율적 배분을 부추기는 행위다. 또한 합리성의 회의에 빠지는 길이며 자칫 반박 논리의 부재로 인한 무력감으로 신봉자들의 근거 없는 논리에 현혹될 개연성도 높아진다. 비판적 무시의 쓸모는 이런 데 있다. 음모론자들의 이익에 봉사하지 않으면서 주목이라는 희소적 인지 자원을 팩트의 시공간으로 안내할 수 있다. 비판적 사고만큼이나 비판적 무시가 중요한 건 지금의 인지 시장이 주목 자원의 배분 경쟁으로 전개되고 있어서다. 더 이상 무속인 같은 이들의 허황된 논거에 우리의 인지 자원을 몽땅 빼앗기는 비효율을 방치해서는 안 될 일이다.

트럼프 방송중단과
따옴표 저널리즘

지난 2020년 7월, 허위조작정보 차단에 미온적이라는 비판을 받아온 페이스북은 '정보 라벨'이라는 기술적 확산 차단 조치를 자신들의 플랫폼에 적용했다. 검증되지 않은 정보가 올라오면 해당 포스트 바로 아래에 권위 있는 정보를 병렬 노출하는 방식이었다. '우편 투표는 부정 선거를 낳을 것이다'라는 도널드 트럼프 당시 미국 대통령의 페이스북 글이 첫 번째 타깃이 됐다. 페이스북은 해당 포스트 아래에 '2020년 미국 대선 투표 방법에 대한 공식적인 정보는 usa.gov에서 확인하세요'라는 문구와 함께 링크를 부착했다. 사실 여부를 판정하는 방식보다 정확한 정보를 유권자에게 제공함으로써 정치적 시비에 휘말리지 않겠다는 전략이었다.

허위조작정보의 확산을 차단하려던 이 같은 페이스북의 노력은 결과적으로 실패했다. 버즈피드 뉴스가 페이스북 내부 정보를 통해 확인한 데이터를 보면, 트럼프가 게시한 허위정보의 재공유수는 8% 감소하는데 그쳤다. 미미한 정도의 변화였던 셈이다. 그를 지지해온 다수의 페이스북 사용자들은 공신력 있는 정보가 바로 아래 제공되고 있음에도 허위 주장을 공유하는 행위를 중단하지 않았다. 단적으로 2020년 대선 패배 후 '나는 선거에서 승리했다'라고 적은 트럼프의 포스트 2건은 공유수만 도합 10만 회를 넘길 정도로 널리 퍼져나갔다. 페이스북의 예상과 기대가 보기 좋게 빗나간 것이다. 반면 트위터는 아예 가림막을 쳤다. 허위정보로 판명되면 트윗 인용, 링크 클릭 등 일체의 관여 행위가 불가능하도록 했다. 대선 기간 중 무려 456건이 이러한 조치의 대상이 됐다. 이중에는 당사자인 트럼프의 트윗도 다수 포함됐다. 결과적으로 허위정보의 확산을 차단하는데 효과를 발휘했다.

또 다른 흥미로운 풍경도 있다. 미국의 대형 방송사들은 거짓을 일삼는 트럼프의 선거 관련 브리핑을 생중계 도중 끊어버렸다. ABC, NBC, CBS 등이 대표적이다. 트럼프가 기자회견 당시 근거를 제시하지 않고 선거 조작설을 연거푸 내뱉자 취해진 조치다. 이들 방송사들은 생중계를 중단한 뒤 일성으로 "트럼프의 이러한 발언은 미국 민주주의에 대한 공격"이라는 분석평을 내놨다. 거짓말이 자신들의 전파를 타고 공중에게 무한 확산되는 걸 차단하는 걸 막겠다는 설명이었다.

이 두 가지 사건은 하나의 방향을 가리키고 있다. 바로 '따옴표 저널리즘'의 위험성이다. 페이스북은 검증되지 않은 정치인, 유명인의 발언을 여과 없이 따옴표로 묶어 여러 미디어 채널로 내보낼 경우, 어떠한 조치에도 확산세가 줄어들지 않는다는 사실을 확인했다. 미국 방송사들의 생중계 중단 조치는 방영 뒤 이뤄지는 팩트체킹마저도 늦을 수 있다는 성찰적 경고였다. 어느 나라보다 팩트체크 저널리즘이 활성화된 미국 언론계이지만 사후 팩트체킹이 지닌 한계도 잘 알고 있다는 방증이다.

국내 언론계는 여전히 따옴표 저널리즘에 관대하다. 2000년대 초 따옴표 저널리즘은 다소 경멸적 언어로 언론계를 휘감았지만 지금은 불가피한 관행, 나아가 훈장처럼 인지되는 것 또한 사실이다. 포털 사이트의 뉴스 안에서 사용자 주목을 사로잡기 위한 선정성 경쟁에 따옴표 저널리즘만큼 간편하고 수월한 수단도 없다. 진짜인지 아닌지도 모르는 익명 정치인의 부정적 발언이 헤드라인을 장식하는 일은 일상이 됐다. 이젠 기자들의 윤리의식마저 무뎌져 왜 잘못된 행위인지조차 자각하지 못하는 지경에 이르기까지 했다.

이준웅 등은 정치인 등의 "부정적 언명을 검증 없이 인용보도할 경우 언론은 단순한 전달자 또는 매개자를 넘어 정당 후보의 '아니면 말고'식의 비방 폭로전을 돕는 조력자가 될 가능성이 있다"고 했다. 나아가 유권자의 투표 참여를 방해하는 효과를 낳을 수도 있다고 경고했다. 이러한 보도 관행은 약간의 비약을 더하자면 민주주의를 위해하는 행위로 번져갈 수도 있다.

미국 방송사들은 정파를 뛰어넘어 저널리스트라면 넘지 말아야 할 마지막 선이 존재한다는 걸 다시 각인시켜줬다. 검증 없는 정치인의 직접 인용보도가 왜 위험한가는 페이스북이 알려주고 있다. 그 대안이 무엇이어야 하는가를 트위터가 설명하고 있다. 좀체 직접 인용부호를 제목으로 쓰지 않는 미국 언론사들, 반면 페이스북에 정치인의 글만 올라오면 따옴표부터 동원하는 국내 언론사들. 만약 국내 언론인 스스로가 이러한 관행과 결별하지 않는다면, 플랫폼의 배열 알고리듬에 의해 존재마저 차단되는 결과를 맞을 수밖에 없을 것 같다. 따옴표 저널리즘이라는 익숙한 관행으로 허위조작정보에 확성기를 반복적으로 넘겨주는 순간, 비극적 예측은 현실이 될 수도 있다.

뉴스에 대한 신뢰는
진실과 진심의
결합물

새해는 과제와 도전의 다른 말이다. 사람들은 매해 첫 태양이 떠오를 때마다 소원을 빌고, 목표를 떠올리며 다짐을 가슴에 새긴다. 도전 의식을 되살려 달성의 의지를 불태운다. 우리가 반복해온 정초의 풍경이다.

올해의 뉴스 산업은 신뢰의 재구축을 도전 과제로 세우거나 세울 필요가 있다. 바닥으로 질주하는 뉴스 신뢰의 기초를 다시금 다지지 못하면, 디지털 구독이라는 지속가능성과 플랫폼 독립의 성취는 적기를 잃게 될 수도 있다. 디지털 구독은 신뢰 위에서만 작동한다. 플랫폼으로부터의 독립은 수익 종속성의 탈피로부터 비롯된다. 구글, 메타 등 빅테크의 목줄을 조여가는 반독점법 소송[18] 등이 진행되고 있긴 하지만, 포스트-빅테크 시대의 뉴스 주도권이 전통적 주체들에게 되돌아올지는 다른 차원의 문제다. 따라서 신뢰의 회복이든 재구성이든 올해는 이 도전 과제를 소원으로 삼아 과감한 결행을 해야만 한다.

2020년 말, 로이터저널리즘연구소가 펴낸 《우리가 알고 있다고 생각하는 것과 알고 싶어하는 것: 변화하는 세계에서 뉴스 신뢰에 대한 관점들》이라는 보고서는 뉴스 신뢰 제고를 위한 실행 전술 구상에 여전히 적잖은 아이디어를 제시한다. 그중 으뜸은 수용자의 뉴스 신뢰는 '뉴스룸의 노력'과는 관련이 없을 수 있다는 진단이다.

언론사는 규범과 관행을 바꾸면 독자들이 자신들을 신뢰해줄 것이라는 착각에 빠지곤 한다. 출입처를 폐지하고 사실 확인의 정도를 제고하며 투명성을 강화하고 탐사 보도를 확

---

18 특정 기업의 시장 독점을 규제하는 법률. 대표적인 예로 미 법무부가 구글과 벌인 반독점법 소송을 들 수 있다. 2020년 10월 미 법무부가 구글이 검색 시장을 90% 이상 점유하는 과정에서 반독점법을 위반했다고 주장하며 소송을 시작했고, 2024년 8월 미 워싱턴D.C 지방법원은 구글이 검색 사업에서 독점적인 지위를 남용했다고 판단했다. 구글 외에도 애플, 아마존, 메타 등 이른바 '4대 빅테크' 모두 미국 정부와 반독점 소송을 벌였거나 벌이는 중이다.

대하면 신뢰는 다시 돌아올 것이라고 기대한다는 것이다. 이는 '절반의 사실'이다. 당파성에 강하게 젖어든 수용자 그룹은 뉴스의 사실 여부와 관계없이 그들이 선호하는 팩트를 어떤 언론사가 보도하느냐에 따라 다른 태도를 취한다. 예를 들어, 동일한 팩트체크 기사라 하더라도 어느 언론사가 보도하느냐에 따라 수용자들의 인식과 평가는 극단으로 갈린다. 여기에서 그치지 않는다. 감시견 저널리즘[19]은 저널리즘의 필수불가결한 요수이지만 일부 수용자들은 "정떨어지게 해롭다"는 반응을 보이기도 한다.

또한 소셜 미디어에서 잠시 잠깐 뉴스를 소비하고 공유하는 이들에겐 저널리즘의 고착화한 관행 개선 따위는 주된 관심사가 되지 못한다. 언론사가 저널리즘을 향해 어떤 노력을 경주하든 그것이 이들 뉴스 소비층에 전달될 리 만무하며, 따라서 뉴스 신뢰에 대한 태도를 변화시키기도 어렵다. 뉴스 소비의 빈도와 강도에 따라 그 효과가 차별적일 수밖에 없어서다. 그만큼 뉴스에 대한 신뢰 재구성은 까다롭고 복잡하며

---

19 정치인, 공인 및 기관 등의 투명성과 책임을 높이는 것을 최우선 목표로 하는 저널리즘. 사실 확인, 인터뷰, 연구 등을 통해 특정 이슈나 사건에 대한 투명성을 높이는 조사 저널리즘의 한 형태로 분류되기도 한다.

난해하기까지 하다.

　신뢰는 저널리즘의 원칙과 관련된 문제이긴 하나, 감성의 문제요 관계의 문제이기도 하다. 또한 관습과 선입견의 문제다. 그만큼 획기적인 접근법으로 신뢰를 사유하지 않으면 뉴스에 대한 신뢰도를 높이는 작업은 이전처럼 공허하게 마감될 수 있다. 팩트체크의 저널리즘 신뢰 제고 효과가 기존의 신념이나 이념에 따라 다르게 나타나고 있다는 점을 보면 더욱 그렇다.

　그 대안으로 검토될 수 있는 것이 '수용자와의 감성 및 관계' 재설정을 통한 신뢰 제고다. 정수영은 "합리성과 이성을 준거 틀로 하는 저널리즘 분석과 비평만으로는 규범과 실체 사이에서 발생하는 간극의 원인과 본질 규명이 제한적일 수 있다"라며 '감성공론장'을 제안한 바 있고, 콜만 등Coleman et al, 2014은 "언론 자체에 대한 신뢰가 저널리즘 정확성에 대한 신뢰보다 중요하다는 것"을 입증한 바 있다. 언론사 브랜드를 중심에 놓고 수용자들과 감성적 매개 방식을 활용해 관계를 강화할 수 있는 실천적 프로그램을 제시하는 것이 신뢰 제고에 기여할 수 있다는 메시지다. 구독, 기부 기반의 독자 수익 모델로 전환하면서 다수의 해외 언론사들이 온·오프라인 수용자 커뮤니티 구축과 관리에 투자를 감행하고 있다는 점을 유념해야 한다. 다만, 이러한 대안은 앞선 논의와 저널리즘적 해결책이 전제돼야 한다는 조건이 깔려있다. 그것이 유튜버 같은 1인 크리에이터와의 차별 지점이다.

이제 뉴스 신뢰는 진실과 진심의 결합물이 됐다. 진실을 향해 나아가는 과정에서 수용자들의 궁금증에 '진심과 진정성을 담아' 답하는 것, 그것이 어쩌면 저널리즘의 원칙과 신뢰를 동시에 잡을 수 있는 길이 아닐까. 새해는 신뢰를 재구축하기 위한 뉴스 산업 종사자 모두의 소원이 반드시 성취되는 한해가 되길 진심으로 바란다.

AI,
BIG TECH,
JOURNALISM

참고 문헌

- Bennett, J. G. (1855). Memoirs of James Gordon Bennett and His Times. Stringer & Townsend.

- Boczkowski, P. J., & Anderson, C. W. (Eds.). (2017). Remaking the news: Essays on the future of journalism scholarship in the digital age. MIT Press.

- Zamith, R., & Braun, J. A. (2019). Technology and journalism. The international encyclopedia of journalism studies, 1-7.

- Kobayashi, T., Hoshino, T., & Suzuki, T. (2020). Inadvertent learning on a portal site: A longitudinal field experiment. Communication Research, 47(5), 729-749.

- Skovsgaard, M., & Andersen, K. (2020). Conceptualizing news avoidance: Towards a shared understanding of different causes and potential solutions. Journalism studies, 21(4), 459-476.

- 장우영. (2018). 정보/미디어 선택과 편향 동원: 태극기집회를 사례로. 한국정치학회보, 52(5), 87-113.

- Heitz, L., Lischka, J. A., Birrer, A., Paudel, B., Tolmeijer, S., Laugwitz, L., & Bernstein, A. (2022). Benefits of diverse news recommendations for democracy: A user study. Digital Journalism, 10(10), 1710-1730.

- Saveski, M., Gillani, N., Yuan, A., Vijayaraghavan, P., & Roy, D. (2022, May). Perspective-taking to reduce affective polarization on social media. In Proceedings of the International AAAI Conference on Web and Social Media (Vol. 16, pp. 885-895).

- Freitag, J., Gochee, M., Ransden, M., Nyhan, B., Roschke, K., & Gillmor, D. (2023). The Corrections Dilemma: Media Retractions Increase Belief Accuracy But Decrease Trust. Journal of Experimental Political Science, 1-12.

- De Vivo, F. (2005). Paolo Sarpi and the uses of information in seventeenth-century Venice. Media History, 11(1-2), 37-51.

- McINTYRE, J. (1987). The Avvisi of Venice: Toward an Archaeology of Media Forms. Journalism History, 14(2-3), 68-77.

- Chakrabarty, T., Lewis, J., & Muresan, S. (2022). CONSISTENT: Open-Ended Questio n Generation From News Articles. arXiv preprint arXiv:2210.11536.

- Kulkarni, S., Thomas, R., Komorowski, M., & Lewis, J. (2022). Innovating online journalism: new ways of storytelling. Journalism Practice, 1-19.

- Nechushtai, E. (2018). Could digital platforms capture the media through infrastructure?. Journalism, 19(8), 1043-1058.

- Simon, F. M. (2022). Uneasy Bedfellows: AI in the News, Platform Companies and the Issue of Journalistic Autonomy. Digital Journalism, 1-23.

- Lee, J., & Hamilton, J. T. (2022). Anchoring in the past, tweeting from the present: Cognitive bias in journalists' word choices. Plos one, 17(3), e0263730.

- 빌 코바치 & 톰 로젠스틸. (2021). 저널리즘의 기본 원칙 개정 4판. (이재경, 역). 한국언론진흥재단. (원본 출판 2021년)

- Kawakami, A., Umarova, K., Huang, D., & Mustafaraj, E. (2020, July). The 'Fairness Doctrine' Lives on? Theorizing about the Algorithmic

News Curation of Google's Top Stories. In Proceedings of the 31st ACM Conference on Hypertext and Social Media (pp. 59-68).

- Kitchens, B., Johnson, S. L., & Gray, P. (2020). Understanding Echo Chambers and Filter Bubbles: The Impact of Social Media on Diversification and Partisan Shifts in News Consumption. MIS Quarterly, 44(4).

- Ben Buchanan, Andrew Lohn, Micah Musser, and Katerina Sedova, "Truth, Lies, and Automation: How Language Models Could Change Disinformation" (Center for Security and Emerging Technology: May 2021). doi: 10.51593/2021CA003

- Schuster, T., Schuster, R., Shah, D. J., & Barzilay, R. (2020). The limitations of stylometry for detecting machine-generated fake news. Computational Linguistics, 46(2), 499-510.

- Breakstone, J. (2021). Students' civic online reasoning: A national portrait.

- Simon, H. A. (1969). Designing organizations for an information-rich world. Brookings Institute Lecture.

- Newman, N. (2021). Journalism, media and technology trends and predictions 2021.

- 정수영. (2015). 공감과 연민, 그리고 정동 (affect): 저널리즘 분석과 비평의 외연 확장을 위한 시론. 커뮤니케이션 이론, 11(4), 38-76.

- Coleman, S., Morrison, D. E., & Anthony, S. (2012). A constructivist study of trust in the news. Journalism Studies, 13(1), 37-53.

- Walter, N., Cohen, J., Holbert, R. L., & Morag, Y. (2020). Fact-checking: A meta-analysis of what works and for whom. Political Communication, 37(3), 350-375.

- 이준웅, 양승목, 김규찬, & 송현주. (2007). 기사 제목에 포함된 직접인용부호 사용의 문제점과 원인. 한국언론학보, 51(3), 64-90.

https://www.nytimes.com/2015/11/08/magazine/the-displaced-introduction.html

https://medium.com/viewing-the-future-virtual-reality-in-journalism/virtual-reality-timeline-7fa0707b9d70

https://pressgazette.co.uk/publishers/digital-journalism/guardian-creates-in-house-virtual-reality-team/

https://www.bbc.co.uk/taster/pilots/we-wait

https://www.youtube.com/playlist?list=PL4CGYNsoW2iCGZa3_Pes8LP_jQ_GPTW8w

https://todayinsci.com/Events/Telegram/TelegraphFirstNews.htm

https://www.nytimes.com/1861/08/03/archives/newspaper-train.html

https://revolutionsincommunication.com/telegraph_monopolies

https://www.etnews.com/201309160566

https://en.wikipedia.org/wiki/Myspace

http://contents.history.go.kr/mobile/nh/view.do?levelId=nh_044_0030_0040_0020

http://www.mediatoday.co.kr/news/articleView.html?idxno=126142

https://timesmachine.nytimes.com/timesmachine/1924/11/17/104270030.html?pageNumber=18

https://en.wikipedia.org/wiki/Margaret_Farrar

https://www.nytimes.com/2022/01/31/business/media/new-york-times-wordle.html

https://www.twipemobile.com/how-can-publishers-use-games-andpuzzles-to-increase-subscribers

https://www.kpf.or.kr/synap/skin/doc.html?fn=1695345157240.pdf&rs=/
synap/result/research

https://www.semafor.com/article/08/13/2023/new-york-times-drops-out-
of-ai-coalition

https://www.theverge.com/2023/8/21/23840705/new-york-times-openai-
web-crawler-ai-gpt

https://developers.google.com/machine-learning/guides/text-classification/
step-3?hl=ko

https://www.npr.org/2023/08/16/1194202562/new-york-times-considers-
legal-action-against-openai-as-copyright-tensions-swirl

https://cue.search.naver.com

https://techcrunch.com/2019/09/16/smartnews-latest-news-discovery-
feature-shows-users-articles-from-across-the-political-spectrum

https://blog.google/products/search/google-search-perspectives

https://www.searchenginejournal.com/google-perspectives-search-
filter/490101/#close

https://www.nytco.com/investors/investor-relations

https://www.nytimes.com/2023/06/26/crosswords/new-game-connections.
html

https://pressgazette.co.uk/publishers/news-publishers-investing-in-non-
news-verticals

https://apps.apple.com/kr/app/le-figaro-cuisine/id1600458699

https://reutersinstitute.politics.ox.ac.uk/sites/default/files/2023-06/Digital_
News_Report_2023.pdf

https://digiday.com/media/why-news-publishers-are-using-non-news-content-to-hook-readers-and-turn-them-into-subscribers

https://rjionline.org/news/whats-working-service-journalism-is-having-a-moment

https://www.nytimes.com/2023/05/04/technology/us-ai-research-regulation.html

https://www.economist.com/by-invitation/2023/04/18/the-world-needs-an-international-agency-for-artificial-intelligence-say-two-ai-experts

https://www.nytimes.com/2023/05/16/technology/openai-altman-artificial-intelligence-regulation.html

https://openai.com/blog/democratic-inputs-to-ai#policy-statements-under-consideration

https://www.axios.com/2023/07/13/ap-openai-news-sharing-tech-deal

https://briarpatchmagazine.com/articles/view/the-dangers-of-big-tech-funding-journalism

https://www.cjr.org/the_media_today/openai_deals_ap_ajp.php

https://www.niemanlab.org/2023/05/google-is-changing-up-search-what-does-that-mean-for-news-publishers

https://www.wsj.com/articles/SB10001424052702303657404576362861950356484

https://www.theverge.com/2023/5/10/23717685/google-perspectives-search-human-experiences-io-reddit

https://www.nytimes.com/2023/05/17/podcasts/audio-app-journalism-storytelling.html

https://t1.daumcdn.net/cfile/tistory/253F644F53F942E53B

https://www.buzzfeed.com/buzzfeedpress/ben-smith-to-join-buzzfeed-as-editor-in-chief-to-b-512v

https://www.ft.com/content/26ebf992-00c4-11e6-99cb-83242733f755#axzz45dhbRb71

https://www.buzzfeed.com/jonah/why-buzzfeed-does-news

https://www.pulitzer.org/finalists/staff-buzzfeed-news

https://www.icij.org/investigations/fincen-files/fincen-files-investigation-named-pulitzer-prize-finalist

https://pressgazette.co.uk/news/jim-vandehei-podcast-interview

https://knightfoundation.org/reports/indicators-of-news-media-trust

https://www.vettnews.com

https://correx.news/about

https://newscollab.org/2020/07/22/introducing-the-correx-tool-and-two-case-studies

https://pressgazette.co.uk/platforms/nuj-newsguild-big-tech-news-payments-jcpa

https://www.nuj.org.uk/resource-report/from-health-crisis-to-good-news.html

https://www.cbc.ca/news/politics/alphabet-google-committee-block-summon-1.6762908

https://www.wsj.com/articles/google-blocks-news-results-in-some-canadian-searches-a0577c75

https://www.cjr.org/special_report/disrupting-journalism-how-platforms-have-upended-the-news-intro.php

https://christopherwink.com/2020/01/15/the-invention-of-news-history-

journalism

https://en.wikipedia.org/wiki/History_of_journalism

https://www.theverge.com/2023/1/26/23572834/buzzfeed-using-ai-tools-
personalize-generate-content-openai

https://www.cnet.com/tech/cnet-is-testing-an-ai-engine-heres-what-
weve-learned-mistakes-and-all

https://www.vox.com/2014/2/7/11623214/rise-of-the-platishers

https://whatsnewinpublishing.com/vox-media-selling-its-magical-
publishing-technology

https://www.wsj.com/articles/vox-media-to-begin-licensing-publishing-
technology-chorus-1531828800

https://www.niemanlab.org/2018/09/newsonomics-the-washington-posts-
ambitions-for-arc-have-grown-to-a-bezosian-scale

https://www.wsj.com/articles/washington-post-considers-selling-tech-
business-it-built-up-on-jeff-bezoss-watch-11670428112

https://www.adweek.com/media/vox-media-chorus-license/amp

https://digiday.com/media/sports-publisher-minute-media-makes-half-
revenue-licensing-tech

https://www.axioshq.com

https://www.minutemedia.com/publishers

https://www.fastcompany.com/40495770/the-washington-post-is-a-
software-company-now

https://voicebot.ai/2022/11/23/bloomberg-taps-video-synthic-speech-ai-
startup-papercup-to-dub-news-into-spanish

https://rd.nytimes.com/projects/generating-open-ended-questions-fromnewsarticles

https://wrtn.ai

https://outstanding.kr/wrtn20221124

https://www.computerworld.com/article/3678172/how-synthetic-media-will-transform-business-forever.html

https://www.semafor.com/article/10/18/2022/what-is-a-semaform-anyway-and-why-should-you-care

https://www.technologyreview.com/2022/04/06/1049061/dalle-openai-gpt3-ai-agi-multimodal-image-generation

https://www.midjourney.com/home

https://stability.ai/blog/stable-diffusion-public-release

https://www.howtogeek.com/830179/how-to-run-stable-diffusion-on-your-pc-to-generate-ai-images

https://twitter.com/runwayml/status/1568220303808991232?s=20&t=vm7fUFRnOx0qBMrD4dsr_w

https://www.theverge.com/2022/9/21/23364696/getty-images-ai-ban-generated-artwork-illustration-copyright

https://www.americanpressinstitute.org/publications/reports/survey-research/fatigue-traditionalism-and-engagement-the-news-habits-and-attitudes-of-the-gen-zand-millennial-generations/

https://medium.com/renaissance-life/marketing-v-journalism-there-is-a-big-difference-49c6b31058b8

https://www.interaction-design.org/literature/topics/user-research

https://www.theguardian.com/media/2022/aug/25/guardian-media-group-appoi%20nts-anna-b%20ateson-as-chief-executive

https://www.wsj.com/articles/facebook-shifts-resources-from-news-tab-and-bulletin-to-focus-on-creator-economy-11658250433

https://www.nytimes.com/2022/07/27/technology/meta-earnings-revenue-decline.html

https://www.reuters.com/technology/zuckerberg-bets-tiktok-style-videos-meta-heads-first-ever-revenue-drop-2022-07-26

https://www.wired.co.uk/article/tiktok-wants-longer-videos-like-not

https://www.france24.com/en/live-news/20220406-tiktok-is-having-a-bad-war-say-disinformation-experts

https://www.wyzowl.com/human-attention-span

https://www.bbc.com/news/health-38896790

https://www.theverge.com/2022/6/22/23178133/twitter-long-form-notes-articles-blogging-feature-ready-to-launch-features

https://www.cosmopolitan.com/lifestyle/a40314356/dall-e-2-artificial-intelligence-cover

https://www.economist.com/news/2022/06/11/how-a-computer-designed-this-weeks-cover

https://openai.com/dall-e-2

https://www.midjourney.com

https://dallery.gallery/dall-e-ai-guide-faq

https://www.ap.org/press-releases/2022/ap-releases-new-report-on-ai-in-local-news

http://cup.columbia.edu/book/media-capture/9780231188838

http://www.kyobobook.co.kr/product/detailViewKor.laf?mallGb=KOR&ejkGb=KOR&barcode=9788992214711

https://nypost.com/2022/04/04/taylor-lorenz-slams-msnbc-over-online-harassment-segment-you-f-ed-up-royally

https://gizmodo.com/elon-musk-free-speech-ted-talk-on-twitter-1848795067

https://www.bloomberg.com/news/articles/2022-04-26/musk-s-free-speech-twitter-dream-gets-eu-warning-via-twitter

https://newsletters.theatlantic.com/galaxy-brain/6267078012500c0020c9b4ad/elon-musk-buy-twitter-outcome

https://en.wikipedia.org/wiki/Cognitive_miser

https://journallist.net/wp-content/uploads/2021/09/trust.txt-specification-v.1.2.pdf

https://digitalcontentnext.org

https://rjionline.org/news/trust-txt-puts-the-robots-to-work-fighting-misinformation

https://www.poynter.org/ifcn

http://www.journalist.or.kr/mybbs/bbs.html?mode=view&bbs_code=bbs_20&cate=&page=&search=&keyword=&type=&bbs_no=31478

https://m.blog.naver.com/PostView.naver?blogId=naver_diary&logNo=222631701600&navType=by

https://support.google.com/news/publisher-center/answer/9606702?hl=en-GB&ref_topic=9603441

https://www.washingtonpost.com/outlook/2021/02/04/fairness-doctrine-wont-solve-our-problems-it-can-foster-needed-debate

https://gavofyork.medium.com/why-we-need-web-3-0-5da4f2bf95ab

https://www.nytimes.com/2021/03/26/technology/nft-sale.html

https://future.a16z.com/decentralized-identity-on-chain-reputation

https://www.theverge.com/2021/12/22/22850558/jack-pmarca-a16z-web3-block-twitter

https://www.oreilly.com/radar/why-its-too-early-to-get-excited-about-web3

https://on.substack.com/p/introducing-substack-local-for-a

https://www.theatlantic.com/ideas/archive/2021/11/introducing-subscriber-newsletters/620579

https://workweek.com

https://www.globenewswire.com/news-release/2021/11/10/2331841/0/en/Workweek-Announces-Launch-of-Creator-First-B2B-Media-Company.html

https://www.poynter.org/business-work/2021/why-journalists-are-leaving-their-full-time-media-jobs-to-go-freelance

https://awards.journalists.org/winners/2021

https://grist.org/fix

https://grist.org/abandoned-oil-gas-wells-permian-texas-new-mexico

https://grist.org/energy/scale-of-texas-new-mexico-abandoned-oil-wells

https://www.aspensojo.com/news-and-profiles/2017/07/chip-gillers-beacon-in-the-smog

https://www.lenfestinstitute.org/solution-set/how-grist-is-broadening-its-reach-by-focusing-on-the-intersectionality-of-climate-change

https://www.poynter.org/reporting-editing/2021/new-tool-allows-npr-to-track-source-diversity-in-real-time

https://www.americanpressinstitute.org/publications/api-updates/track-

the-diversity-of-your-sources-with-source-matters-an-easy-automated-
tool-from-api

https://aboutus.ft.com/press_release/ft-introduces-she-said-he-said-bot-
to-diversify-sources-in-articles

https://www.crowdtangle.com

https://twitter.com/katestarbird/status/1415317985581932550?mc_
cid=313d5d958a&mc_eid=a7ec954a8a

https://www.theverge.com/2016/11/11/13594338/facebook-acquires-
crowdtangle

https://www.nytimes.com/2021/07/14/technology/facebook-data.html

https://foundation.mozilla.org/en/campaigns/youtube-regrets

https://blog.naver.com/naver_search/222439351406

https://cset.georgetown.edu/publication/truth-lies-and-automation

https://latamjournalismreview.org/articles/in-book-on-abundance-of-
information-argentine-researcher-discusses-devaluation-of-news-and-
revaluation-of-entertainment

https://www.niemanlab.org/2021/05/to-navigate-all-the-junk-on-the-
internet-you-need-powers-of-critical-thinking-but-also-critical-ignoring

https://www.asiae.co.kr/article/2021052112271368910

https://datajournalism.com/read/handbook/two/investigating-data-
platforms-and-algorithms/the-algorithms-beat-angles-and-methods-for-
investigation

https://cpb-us-w2.wpmucdn.com/express.northeastern.edu/dist/d/53/
files/2020/02/CJ_2020_paper_14.pdf

https://www.nytimes.com/section/upshot

https://chrome.google.com/webstore/detail/regretsreporter/obpoeflheeknap
imliioeoefbfaakefn

https://www.ted.com/talks/cathy_o_neil_the_era_of_blind_faith_in_big_data_
must_end/transcript

https://www.reuters.com/article/us-facebook-newsletter-idUSKBN2B82IA

https://www.nytimes.com/2020/09/23/business/media/substack-
newsletters-journalists.html

https://www.nytimes.com/2020/10/29/business/media/glenn-greenwald-
leaving-intercept.html?action=click&module=RelatedLinks&pgtype=Article

https://www.wsj.com/articles/SB100014240529702038039045744311514894
08372

https://www.nytimes.com/2011/01/25/opinion/25iht-edcohen25.html

https://www.joinclubhouse.com/check-1-2-3

https://www.poynter.org/fact-checking/2021/factually-what-will-fact-
checkers-find-on-clubhouse

https://www.npr.org/2020/06/22/881826881/facebook-groups-are-
destroying-america-researcher-on-misinformation-spread-onlin

https://www.businessinsider.com/clubhouse-anti-semitism-chat-on-yom-
kippur-2020-9

https://www.yna.co.kr/view/AKR20210115062352017

https://open.nytimes.com/to-apply-machine-learning-responsibly-we-
use-it-in-moderation-d001f49e0644

https://www.perspectiveapi.com/#/home

https://www.technologyreview.kr/chatbot-gpt3-openai-facebook-google-
safety-fix-racist-sexist-language-ai

https://www.axios.com/facebook-label-posts-voting-candidates-officials-trump-ee94d526-4b59-4276-9287-e9b076e7a9cf.html

https://www.buzzfeednews.com/article/craigsilverman/facebook-labels-trump-lies-do-not-stop-spread

https://www.facebook.com/DonaldTrump/posts/10165827624280725

https://www.bbc.com/news/technology-54809165

https://blog.twitter.com/en_us/topics/company/2020/2020-election-update.html

https://www.poynter.org/newsletters/2020/networks-pulled-away-from-president-trumps-shocking-press-conference

https://www.poynter.org/fact-checking/2020/automated-fact-checking-can-catch-claims-that-slip-past-human-checkers-here-are-the-two-ways-they-work

http://www.datacommons.org/factcheck

https://uwaterloo.ca/news/news/new-tool-uses-ai-flag-fake-news-media-fact-checkers

http://www.emergent.info

https://factcheck.snu.ac.kr

https://www.wsj.com/articles/facebook-google-to-face-new-antitrust-suits-in-u-s-11606742163

https://reutersinstitute.politics.ox.ac.uk/what-we-think-we-know-and-what-we-want-know-perspectives-trust-news-changing-world?fbclid=IwAR0erHqH3h7VS9fRQrbR-tZxZXrWJl81wqZ7xikt_NljGOku58PlDeted4

https://www.journalist.or.kr/news/article.html?no=48613

https://h21.hani.co.kr/arti/economy/economy_general/54876.html

AI, 빅테크, 저널리즘

기술이 바꿀 뉴미디어의 미래

초판 1쇄 발행 2024년 11월 27일

지은이 이성규

펴낸이 김재원, 이준형
디자인 김지혜

펴낸곳 비욘드날리지 주식회사
출판등록 제2023-0001117호
E-Mail admin@tappik.co.kr

ⓒ 이성규
ISBN 979-11-988964-7-6 (03300)

- 이 도서는 2024년 문화체육관광부의 '중소출판사 성장부문 제작 지원' 사업의 지원을 받아 제작되었습니다.